$\mathcal{N}^3$

茜山外

誰 說
一 百 分 的 妳,

才 是
最 好 的 自 己

We are not
wonder women

Melody 殷悅────著

Contents ———

我不是
Wonder Woman

必須承認，「要求完美」一直是我的緊箍咒，如何注意一切小細節，讓事情表現得最好，而且一次比一次進步，是多年來一直在拚命追求的。

可隨著年齡的增長，也漸漸改變了，出《Melody 的幸福 3 元素：閉嘴、放空、微笑》時，初次鼓起勇氣，承認了自己是個控制狂。承認弱點似乎是個讓自己更輕鬆美好的咒語，我一點一滴地鬆了下來，在渴望面面俱到的日子裡，變得更自在了些。

勇於面對自己，就會去面對自己渴望的，於是後來，當小朋

友開始上學時，我再度投入工作，去拍戲、主持、甚至當了兩次時裝週的客座編輯，努力探索許多可能，想要跟各位姐妹們證明 girls power，想要讓大家知道，每個人都可以把自己當作 wonder woman。

就這樣追趕，往前跑著，想要用盡全力證明只要有勇氣跟勇敢，我們都可以當一百分的自己，可有天停下腳步卻捫心自問：「這真的是我想要的嗎？ Hey，如果一百分了，我真的就是『完美』了嗎？我真的想要完美嗎？」

去年夏天，我對自己和工作以及人生的下個階段起了許多懷疑，雖然我的生活還是很好，有著支持我的妳們、有兩個可愛的孩子，跟先生的感情也越陳越香，不再像以往那麼轟轟烈烈，但平淡中，也挺有滋味，像是趙詠華的那首歌〈最浪漫的事〉。

但又好像少了點什麼？

為此我看了很多心靈成長書，去教會跟教會的姐妹們分享、禱告，想要找出心底那個說不出的聲音。

不知道妳們有沒有經歷過這種階段，生活好像沒有什麼不好，但回想起過去的自己，跟思索未來的階段，會覺得，怎麼人生不太像是我當時跟自己約定好的樣子，那麼，未來會如何呢？

就在這追尋自己的過程中，我飛回美國探望爸媽跟奶奶的那兩個月，每天下午，我都聽著奶奶講著她年輕時的小故事。我的奶奶很勇敢，十八歲跟我爺爺劉紹良從上海來到台灣，後來爺爺空難意外過世，留下她跟兩個強褓中的孩子。奶奶就開始努力工作當職業婦女，然後第二次婚姻，跟著先生一起打拚，在先生過世後，為了四個孩子的幸福，又帶著孩子隻身去美國闖蕩。

從小我就知道奶奶是個勇敢堅強的人，當我在那個夏天聽著這位幾十年來總是維持身型不變，開朗、有著一票好姐妹又有點固執的老太太說起了她的年少時光，想起了自己，想起了妳們。

我常常覺得女孩子附著耳朵講悄悄話像是一種儀式，把願望，把勇氣，傳遞給下個人的儀式。特別是看著我們家姊姊跟妹妹每次在那邊講著自己的小話時，都覺得那是個充滿希

望又美好的時光。

對許多人來說，我是個勇敢的人，那些勇敢像是我的隱形行李箱，隨時衝了就走。二十二歲的那年，我拎著一卡皮箱來到台灣，追著自己的夢想；有時也很好奇自己怎麼能有這樣的勇氣；但當我腦海裡浮現十八歲爲了愛情也是帶了一卡皮箱勇敢從上海來到台灣的奶奶之後，我就知道，原來是她傳遞給我的勇氣。

奶奶不只給我勇氣的力量，我常說的「頭甩一甩往前走」、「人要迷糊一點才好」，這些，都是奶奶給我的禮物。

奶奶是戰亂時代的兒女，到大了我才明白，她面對事情的智慧影響了我，她很多部分，都是很多女生成長的縮影。

然後我發現，也許，找出自己心裡的答案，就從收集一個又一個的小故事開始吧！

於是我開始四處收集各個關於女人在生活中 Fight 跟尋找勇氣的故事，這些故事都深深感動了我，我好希望每個人都能聽見，可以給自己更多力量。也喜歡每個看著這本書的人都能說著：「我也是！」但這次的 #MeToo，不是痛苦難熬

的，是閃爍發光的。

於是在收集故事的過程中，我發現，我們總是在為了一百分
而困擾，但其實，那些少了點什麼的我們，在我心中是最美
最好的。

那些在為了追求幸福取捨的過程中，我們常覺了放棄就是丟
臉，就是認輸，但奶奶讓我明白了，取捨不丟臉，懂得捨，
才有得。

妳會怎麼選擇妳的人生呢？

Girls，現在，就讓我們像是圍在一起講著悄悄話似地，一
個帶著一個傳遞著女人追尋夢想和尋找勇氣的故事。那些故
事，就在妳我的身邊，讓我們團結起來，更有 power。

勇氣，不見得是勇往直前、奮起直追，勇氣，有時候是接受
自己，接受那些好與壞，擁抱那些缺陷與美。

承認自己不是 wonder woman 沒關係，但我們要去喜歡，那
個最好的自己。

009 我不是 Wonder Woman

Chapter 1

勇氣，
是女人的隱形行李箱

給自己更多的勇氣，才能奔去更好的地方；
勇氣，不代表著我們要持續努力，永遠做個滿分的女人；
勇氣是，有時候，也是要懂得取捨，
捨得喊停。

懂得說「不」，
跟吃不了苦是兩回事

很多人很害怕說「不」，常常怕說多了個不字，就是難相處的代表。人們常很害怕，一旦講出了自己不喜歡的東西，就是沒禮貌，小事說不是龜毛；大事說不就是難相處毛病多。所以不管怎樣，都先說「好」，但好來好去，最後卻變成累積很大的委屈。

這點，在很多婆婆媽媽身上更為明顯。

古人說三從四德，在家從父，出家從夫，夫死從子；印象中

彷彿上一輩的母親或奶奶，不管在電視上還是日常生活中，總給人一種逆來順受之感，她們不被允許擁有自我，壓抑久了，就真忘了自己，總是什麼都說好、都可以，但心中有萬百個不好，以為自己都藏好，旁人卻都看在眼裡。

即便自己已經不再是媳婦，成了婆婆，應該可以好好享清福，不須再勉強自己壓抑著本性去順從別人了，卻還是有些長輩反倒不習慣放鬆，不習慣自在。常常可以在她們身上看到一種勉強，久了晚輩也不知道要怎麼跟她們相處。

可別說這是上一輩才有的弊病。

其實我們或許都曾經犯過這樣的毛病，不管是在不知道怎麼自處的工作場合，還是一段很喜歡但卻不知道怎麼相處的戀情。只是有的人比例多，有的人比例少。為了想要表現和善、被人稱讚，不想被說「公主病」，不想被說「草莓族」，那些累積不敢說出口的「不」，最後卻往往變成負能量，壓垮了自己。也忘了原先不敢說不時，究竟是為了什麼，只剩下那些不開心。

這時，我就特別佩服我的奶奶。

奶奶出生在動盪的年代，那年頭局勢不穩定，沒人知道明天會是怎麼樣。可當時家裡環境還不錯的奶奶，受的是良好的教育，也深受父親寵愛，可雖這樣她也沒變成個任性的丫頭，就是悶著頭唸書，常常尾隨在哥哥姊姊身後。她常說自己那時就是傻矇著，看著大家在那邊喝茶聊天去跳舞。

被保護得好好的小丫頭，在別人的介紹下，認識了她的初戀、我的爺爺劉紹良。一開始她也搞不懂，反正就是常見這人，心裡覺得有些害羞。她說：「我們那年代可單純了，哪懂什麼愛不愛的？」我相信奶奶並未欺騙我，那年代的女人，即便穿上了洋服，可骨子裡那套舊思想，哪那麼容易被改變？情呀愛呀的，多羞人啊！女孩子怎可放蕩？光在心裡想想都不敢，還是得等到男人採取主動。一年多後，爺爺終於開口約奶奶出門。

「這是你們第一次約會吧？」聽起奶奶主動聊起初戀，我也瞬間變成了一個少女，頻頻追問：「好玩嗎？妳覺得開心嗎？」
「我也不知道算不算約會。」奶奶說：「當時我沒有很想去啊！」
「為什麼？難道妳當時不喜歡他？」

我很驚訝，因為爺爺最後成為了奶奶的丈夫呀，他們可是自由戀愛的！難不成這當中還有什麼曲折，比如是爺爺苦追不捨，或是發生了什麼英雄救美的故事，讓奶奶最終發現這個人的好嗎？

「我也沒有不喜歡他，只是第一次出去，他就不高興了……」

第一次約會就搞砸，我以為這種故事只會出現在周邊的姐妹身上。沒想到在三〇年代的上海，也會有這種情境。

「奶奶妳不是說妳十幾歲的時候都很害羞不愛講話，怎麼一出門就惹人生氣？」
「沒什麼，就我不想吃蛋炒飯啊！」

蛋炒飯？

本來我以為奶奶耍了小姐脾氣、或是當了什麼冰山美人，再來是什麼情敵出來鬧事，但我滿腦子的幻想卻被這三個字當場砸碎。

「就沒辦法，我們去吃飯他要點蛋炒飯，我直接說我不喜歡吃，他就生氣了！」

這一聽我嚇到了，想說奶奶妳也太難相處了吧，幹嘛第一次出門就這不吃那不吃的，也太沒禮貌！但仔細想想，奶奶的確幾十年從來沒吃過炒飯，這似乎不是要什麼派頭，奶奶對生活很自律要求，她不要的東西，的確從沒勉強自己碰過。

奶奶說，從小生長在上海的她，吃不慣許多食材混在一起的食物。而當時看到對方點了這道菜，她也想過要講出來嗎？但還是決定不要勉強自己，不喜歡，就是不喜歡。

她的說法讓我驚訝極了。不是說女生要溫柔以待，早期的女人不是更要聽男人的話順從嗎？再者喜歡的人約自己出門，別說是上一輩，就算是現代女人，恐怕都要興奮壞了，怎麼奶奶這麼有個性，即使喜歡也不願意勉強自己？

果真，奶奶的誠實做法，在第一時間引起了誤會。

據奶奶說，當時連爺爺也誤會了，以為奶奶嫌他窮，畢竟奶奶是富貴人家的大小姐，家裡住著大樓房、鋪著暖地毯，傭

人老媽子都齊備，當場就臉一板想走了，可奶奶更勇敢的是，她沒有因為爺爺不高興就使性子覺得委屈。

十八歲的她雖是個姑娘，但很清楚自己要什麼，想什麼。她直接的說了她只是吃不慣這東西，這倒是成了一個坦率又勇敢的開場。從那時開始，爺爺就懂了他眼前的這個女孩，是個人生有什麼不開心，都會直接說出來的直腸子，沒那麼多內心戲，只是個懂得說「不」的女子。

不過，這麼懂得說不，連個蛋炒飯都不肯吃的倔丫頭，最後卻跟著擔任飛官的爺爺隻身來台，住在連廁所都是共用的眷村，學著下廚、清掃，連懷孕了都不知道。整個孕期忙裡忙外，甚至產下孩子後，男人也不懂得坐月子這檔事，家裡的事依舊要她一手操辦，最後還在爺爺因公失事過世後，肩負著獨自扶養兩個孩子的重責大任。

奶奶的言行怎麼跟我所理解的反差有點大啊？懂得說不不是就是代表不要吃苦，可怎麼最後她選的路，卻如此艱辛，懂得說不，不就是為了要好好自我保護嗎？

「奶奶妳那麼懂得說不，那爺爺沒錢，又是個苦哈哈的軍

人，當時妳連蛋炒飯都不肯吃，怎麼肯嫁他？」

「那不一樣！」奶奶回：「因為那是我心甘情願的，我從來沒有覺得不好，即便有覺得苦過，但那仍舊是我選的，一點都不勉強。」

奶奶的這番話，讓我聽得別有滋味。其實不管選什麼，最重要的是心底的聲音，奶奶這點比起很多人，誠實許多。她勇於說不，但也勇敢面對自己的選擇。她甘願為了愛吃苦，但那並不代表全盤接收。

關於設立人生的底線，那年單純又勇敢的奶奶，比起許多人都清楚很多。她無懼於別人的眼光，不管是愛的選擇、還是吃飯的習慣（仔細想想奶奶真的有點挑食，哈），她只知道要順從自己心底真誠的想法，就可以無愧於心的面對生活的所有好與壞。當在這個大前提下，即便是吃苦，最後都帶了一絲甜。

有些苦，是現實、是不得不。比如在那物資貧乏的年代，就是只有泥水地的房子可住，妳若不認，只是平白怨恨；可有些苦，其實是根源於「為了討好他人，不惜委屈自己」的心態，即使到了現代，很多女孩子在初次約會時，怕對方覺得

自己挑剔、怕表示太多意見會嚇跑對方，總是假裝隨和。看什麼電影？都可以。吃什麼餐廳？都隨便。可人怎麼可能沒有自己的喜好？

看一齣不喜歡的電影不是大事，真正的大事是，沒有勇氣接受「有些人就是不會喜歡真正的妳」的事實。就如同蛋炒飯，它沒什麼不好，營養又美味，可有人喜歡有人不愛，而人也是一樣的。

我們要懂得去做自己，**做自己並非是處處挑剔、步步不退，而是兩人在一起，心中得有一把尺**，若當下的妥協是為了未來的日子好，**那確實有必要**，可若妳的妥協不過是沒有勇氣承擔「對方可能不會喜歡真正的妳」的可能性，反倒只是抹煞了對方真正認識妳的機會。

不只是夫妻共處，婆媳之間、朋友之間也是一樣的，讓對方了解妳的底線在哪裡，並非是因為妳難搞傲慢、不在乎兩人的關係。相反的，恰恰是因為妳在乎，才在一開始就告知對方，避免對方不小心踩線，演變成爭吵，最後造成不可彌補的傷害。

不過，這樣的奶奶，卻又說了句：「女人別太強勢。」

我笑著說，妳連蛋炒飯都不肯吃，還不夠強勢？奶奶則告訴我，當時她太年輕了，不喜歡的東西，直接就說「不要」，卻忘了顧及對方的心情，差點引發誤會，讓爺爺以為她勢利。其實，「勇於表達自己」是必要的，但如何表達，卻是方法，只要換個方式，比如建議對方：「我不是很喜歡蛋炒飯，但我們可以吃別的」，既能清楚表達自己，也不會讓對方因為被拒絕而受挫。

女人必須勇敢。**勇敢並非是盲目衝撞，而是勇於嘗試、敢於負責**，聽著奶奶一路走來的故事，她有自我、有想法，但堅強如鐵的內心，外頭包覆著柔軟的心態，或許是這樣，她才能保護自己，也保護家人，而不是一昧強硬，讓別人不舒服，讓自己也受傷。

說「不」從來不代表妳不和善，不入世，說「不」只是要讓自己不會後悔，維持著有底線卻也勇敢的人生。

說到這我才想到，其實，所有經典電影小說的女主角，無論在什麼年代，都是有點倔強，卻又很勇於說不。這時奶奶

的身影，突然讓我重疊起了經典電影《亂世佳人》（Gone with the Wind）裡，為了家族而勇敢堅強起來的郝思嘉了。

不懂得爭取，
就別怪沒人了解妳

有句話說，戀愛是兩個人的事，結婚是兩家人的事。這話相信已婚的女人一定十分體會。不管是公公婆婆、還是姑嫂妯娌，都帶給女人非常多的壓力，這並不是說這些公婆或姑嫂就一定是壞人，恰恰相反的，就是因為他們都是好人，可是大家成長背景不同、觀念也不同，如果是朋友，想法不同就別再來往就好，可是親戚怎麼能不來往呢？

我想所有媽媽都明白，只要有了孩子，我們的生活難免就圍繞著孩子打轉，即使跟朋友出門，也會盡量挑有同齡孩子的

朋友，這樣小朋友才有玩伴，不會吵無聊，當然我女兒也是一樣的，可是在我的朋友中，我女兒最喜歡去的，就是 Teresa 的家了！

Teresa 和她先生兩個人是頂客族，沒有孩子、也沒打算生孩子，家裡完全沒有任何小孩會喜歡的東西，可是她有一隻非常可愛的長毛吉娃娃，名字叫 Jojo，我女兒簡直愛死 Jojo 了，每次去 Teresa 家，她都捨不得回家，動不動就問我：「媽咪，我們什麼時候還要去 Teresa 阿姨家玩呀！」後來我們家裡養了狗，女兒還一直說要幫狗狗取一個跟 Jojo 一樣可愛的名字，我笑說人家 Jojo 是女生，可是我們養的狗狗是男生，但女兒還是很堅持，也就是因為這樣，我們家的約克夏，才取名叫做 Cocoa，叫起來很像是女生的 Coco，但其實是巧克力色的意思。

可是今年過年，Jojo 卻出了一件大事：牠的腳骨折了。

今年過年的時候，Teresa 先生的弟弟全家，包含弟媳和弟弟的兒子，三個人從澳洲回來探訪親友，Teresa 身為大嫂，一開始當然是想要盡責招待，不僅重新布置了客房，還念著弟弟在澳洲時經常念念不忘台灣的一些特有食物，像肉鬆和肉

乾，提早買了一大堆塞滿家裡的冰箱。又因 Teresa 和先生是頂客族，並沒有生孩子，Teresa 怕弟弟的兒子沒有同齡的玩伴會無聊，還特地買了遊戲機給他玩。

可結果誰想得到，她的姪子對遊戲機半點興趣都沒有，卻對她養的吉娃娃特別感興趣！小孩喜歡狗本來是好事，可是七、八歲的小男生精力充沛，多少有點粗魯。我想養過狗、尤其是養過小型犬的人都知道，小狗雖然彈跳力很好，可是因為體型很小，牠們的骨頭是很細很脆弱的，可能只是稍微壓到或撞到，就有可能骨折或骨裂。

Teresa 非常愛她的狗，在她家，只要是稍微高一點的家具像是沙發或者床旁邊，她都擺著寵物樓梯，避免 Jojo 跳上跳下而受傷，她也曾一再提醒，吉娃娃不比黃金獵犬或拉不拉多這種大型犬，需要溫柔小心的對待，可小孩聽不進去也就算了，她先生的弟弟和弟媳也都不在意，每次看兒子去抓 Jojo，都只是在旁邊笑，終於有一次，Jojo 因為不耐煩一直被小男生抱著，掙扎著想逃開，從沙發的扶手上跳下去，瞬間慘叫一聲，然後就一直舉著左腳，再也不敢放下來了。

Teresa 簡直嚇壞了，二話不說就立刻帶 Jojo 去看醫生，X 光

一照，果然是骨折了。看著一直寶貝著的狗受了這麼嚴重的傷，又要麻醉、又要開刀，Teresa 心疼得不得了，可是畢竟這就是意外，她還能怎麼辦呢？骨折是不小的手術，需要住院，Teresa 每天來回奔波，每次她要離開醫院時，看著 Jojo 在籠子裡咿咿痛哭，她也跟著哭得不能自己，好不容易幾天後，醫生宣布狗狗術後復原良好，可以接回家好好照顧，可是沒想到，Jojo 回家後，卻變得非常討厭 Teresa 的姪子，只要小男生試圖靠近，就齜牙咧嘴地吠叫。

其實這很容易理解，狗的思想很單純，在牠的印象裡，就是會記得，這個人一直對牠很粗魯，甚至因為牠骨折前是被小男生抓在懷裡的，而把受傷和小男孩連結在一起。Teresa 雖然心裡其實很生氣，但畢竟那是先生的弟弟，所以她也沒多說什麼，幸好她家狗大，所以牠就把 Jojo 放在主臥房，和姪子隔開來，可是狗的耳朵很靈敏，只要姪子經過房門，Jojo 就是會很凶狠地吠叫，幾次之後，她的弟媳居然對他說：「大嫂，妳也把 Jojo 教好，牠這樣叫很吵耶！」

Teresa 說她那時簡直快氣瘋了！什麼叫她沒把狗教好，弟媳怎麼不好好檢討，是不是自己沒把孩子教好？當然，Teresa 明白小姪子不是故意的，小孩子不懂事，難免會出差錯，可

這不就是大人需要教導小孩嗎？Jojo 出事之後，弟媳從來沒試圖教她兒子說「抱小狗要小心點」、從來沒試圖教她兒子說「小型犬不能跳躍，容易受傷」，反倒風涼的說「這種狗也太脆弱了吧」，叫 Teresa 怎麼能不生氣？

等到小叔全家返澳後，Teresa 很認真地跟先生說，下次他們再回台灣，希望不要再招待他們住家裡了，她先生也同意，可過沒幾個禮拜，她先生突然又問她說：「暑假弟弟回來，可不可以在家裡住啊？」

Teresa 說她簡直要抓狂了，不是才剛講好而已，怎麼先生沒兩天就忘記 Jojo 受傷的事？可她先生卻說：「可是我弟說，他們這次回來，只會在台灣待幾天，就要飛去日本玩，才短短幾天，我不好意思拒絕啊！」

「妳說，他的親弟弟，他不好意思拒絕，難道要我開口拒絕嗎？」Teresa 向我訴苦。

當 Teresa 這樣說時，我也反思起自己的婚姻。一個女人，要踏入另一個家庭，真的是很不容易的事，就像我剛結婚時，也非常非常在意我先生的家人對我的看法，不僅是在意

婆婆，對我先生其他親戚如何看我，也非常在意。只是單純的大家約吃飯，光是挑餐廳就可以挑兩個小時，從哪個人不喜歡什麼菜色、哪個人去餐廳的交通可能不方便……每一個小細節都要考慮，就是因為想得這麼多，所以只要對方有一點點不滿或抱怨，我就會很過不去。不是說他們人不好，而是我自己太放大了，總想著要做到一百分，於是拿出三百分的精神去做，可能最後的結果是九十五分，已經很高分了，但我就是會對那沒拿到的五分耿耿於懷。

很多女人在婚姻裡，因為和另一半的家人關係緊繃，過得辛苦、受很多委屈，總期待著先生體諒、期待先生幫忙說話，覺得他們是血脈相連的親人，一定比較好說話，當先生不幫妳時，甚至充滿了抱怨，讓夫妻之間有了爭執，可為什麼我們不能夠替自己說話、不能夠勇敢說出自己的主張，非得由先生幫妳開口？其實那都是因為，我們太在乎另一半的家人對我們的看法。

我的意思不是說都不用理會他們，而是我們該彼此尊重，因為每個人都在不同的環境下長大，對很多事情的觀念和看法都不同，這沒有誰對誰錯，純粹是習慣問題。

就像我在上一本書裡寫過，我發現婆媳之間老是想靠先生傳話是不行的，當然，我們會希望先生做中間的潤滑劑，畢竟那是他的媽媽，他當然比我們了解，可是後來我卻發現，婆婆是我們要相處很久的人，她不只是妳先生的媽媽、還是妳孩子的奶奶，隨著結婚的時間越來越久，妳和婆婆之間的牽連也會越來越深，不再是談戀愛時大家好好坐下來吃頓飯就各自回家那麼簡單了，我們需要和婆婆互相了解，那是需要親自去相處和溝通才能達成的事，不可能每一次有摩擦，就要靠先生調解。

甚至，有許多的誤會和摩擦，都是因為不夠了解而產生的，現在我和婆婆有良好的溝通，但這也是一路以來努力的成果，如今婆婆已經很了解我這個人有時候就是個性比較急；我也明白她有時候皺眉，不是真的挑剔或對我不滿，而是一種關心，總是會對晚輩有所指導……而這都是要靠自己去和婆婆解釋和溝通。和婆婆之間的相處如此，和其他姻親之間，也是一樣的道理。

我勸 Teresa 自己去跟先生的弟弟講，畢竟 Jojo 這麼害怕弟弟的兒子，弟弟一家來了也不自在，Teresa 說：「可是這樣，我怕會被說難搞啊！」

我笑了笑，坦白的說：「即使妳忍耐了，讓妳小叔一家來住妳家，到時候雞飛狗跳，妳即使死命忍住不開口說出對方哪裡做不好，對方也看得出妳的表情不開心，一樣有可能被說難搞。如果眼前就是只有兩條路，一條是過得舒服一點但是被人說難搞，一條是委屈往肚子裡吞還是被說難搞，妳要選哪條？」

我想，做出選擇是需要勇氣的，一開始時女人都希望做到盡善盡美，所以拚命忍耐，妳不敢捍衛自己的底線，別人自然步步逼近，倒不如一開始就劃清界線。我說的劃清界線，並不是說從此不要跟親戚往來了，而是我們要有勇氣，表達自己的想法，像是 Teresa 就是很害怕 Jojo 再次受傷，所以一丁點風險都不想冒。後來，她和小叔說清楚自己的擔憂，然後幫他們一家人安排了很棒的飯店，還特地排了假，在那三天載著小叔一家人到處去玩，他們一家人玩得很開心，回國後也沒有什麼抱怨，皆大歡喜。

我們有許多方法可以表達我們對另一半家人的重視，但逆來順受絕對是最糟的一種。女人真的要有勇氣，想要做自己，有時難免會得罪人，我們可以補救，但千萬不要放棄自己的原則。

就像 Teresa，一開始拒絕小叔一家時，相信對方可能會有些
不滿。可因爲她一片眞心地將飯店和行程安排得很好，小叔
一家也會明白了，這樣做對大家都好。這樣的雙贏狀況，是
需要鼓起勇氣去做出可能得罪人，但卻是正確的選擇，才會
贏來的美好結局。

所以女人眞的要勇敢，勇敢的人，才能有看透事情本質的大
智慧，而非困在同樣的逆境中，始終無法轉變。

　　　不懂得爭取，就別怪沒人了解妳

勇敢去愛了，就會變得強大

很喜歡在工作的空檔和兩個女兒視訊。

有句英文諺語說，「小女孩是糖、香料、以及一切美好的東西做成的。」而我何其幸運擁有兩個！有時電話接通，我看到的是可愛的笑臉，迫不及待跟我分享剛才發生了什麼事；有時電話接通，看到的是一張可憐兮兮的臉，委屈地問我：「媽咪妳什麼時候回家，沒有妳陪，我睡不著覺……」

有時也會想，也許有天她們長大，有了自己的世界、甚至

喜歡的男孩，我會看到一張不耐煩的臉，嫌我這個媽媽囉嗦……但無論我怎麼猜想，都萬萬沒有想過，有天電話接通，我看到的，居然是小女兒 Fiona 一張小臉上被劃出了血！

「天啊！到底發生什麼事了？爸爸呢？外婆呢？妳有去看醫生嗎？」
我急壞了，覺得好像全身血液都被抽空一樣，劈哩啪啦問了一堆問題，腦袋裡閃過很多可能，是在家裡跌倒了嗎？撞到東西了？玻璃杯破了？
但我怎麼都沒想到，女兒開口說的第一句話是：「媽咪，一點都不痛，真的！」

相較於姊姊，小女兒一直是一個比較敏感的孩子。她很害羞、甚至有點膽怯，每次看醫生，如果需要打針，她都能委屈地哭好久，說是很痛很痛。還記得有次她在公園玩溜滑梯時跌倒，膝蓋磨破了一塊皮，每天擦藥時，她都淚眼汪汪的，膝蓋的傷很快就癒合結痂，但她心裡的傷卻還沒有，無論我怎麼鼓勵安慰，她就是好久都不肯再玩溜滑梯。我一直好擔心她這樣的性格，將來容易吃虧，好希望她能勇敢一點、大膽一點，可是身為媽媽，看到女兒受委屈，又怎麼可

能忍得住不安慰她？我知道對待敏感的孩子要慢慢來，所以總是鼓勵她、陪伴她，從來不逼迫她，妹妹也一直有進步，可是最讓我驚訝的是，自從 Cocoa 來到了我家，妹妹像是一夜之間長大了一樣。

妹妹一直很喜歡狗，無論是路邊的流浪狗，還是可愛的小型犬，妹妹每回看到，總是注視好久，想去摸狗狗、和狗狗互動。有時去到有養狗的朋友家，妹妹幾乎捨不得離開，終於有一天，妹妹提出了一個我知道她遲早會提出的要求——她想養狗。

養狗對小朋友來說，是各種責任感的練習，畢竟狗狗是活生生的生命，而不是可愛的布娃娃，狗狗會吃飯喝水，當然也會尿尿大便，可能會咬壞妹妹心愛的玩具，可能無聊時也會汪汪叫吵著要人陪伴。或許是因為我早有妹妹會提出這個要求的心理準備，很快的和爸爸也和姊姊討論過後，我們家就多了一個新成員，一隻可愛的約克夏犬 Cocoa。

當然，妹妹興奮極了。她搶著幫 Cocoa 餵飯，經常抱著 Cocoa 輕聲細語，每天回家第一件事就是陪 Cocoa 玩，即使是臭臭的便便和尿尿，她也願意清理。原本她是家裡最

小的，但在 Cocoa 來了以後，她彷彿一夕之間當了姊姊，懂得照顧家裡最小的新成員，我看到她的細心、看到她的耐心，可我最驚訝的是，她也在一夜之間，變得勇敢和堅強。

她的臉是 Cocoa 弄傷的，小狗玩起來有時太興奮，一個飛撲，不小心咬到了妹妹的臉，可是妹妹怕我生氣、怕我說要把狗狗送走，一心想保護 Cocoa，相形之下對流血的害怕突然就不足為懼了！她不斷地跟我說，她一點都不痛，不斷地跟我強調 Cocoa 不是故意的，是她自己不小心，當然我知道狗狗不是故意的，可是心疼女兒是人之常情啊，但是在心疼之外，更多滿滿的感動，我的小女兒，終於長大了！因為愛，她想要保護 Cocoa，迅速變得堅強跟勇敢，這就是女孩獨有的韌性啊！

我不是說要讓孩子長大就養隻狗吧！就算孩子是真心喜歡、也有責任感，可孩子總是孩子，他們還是有許多做不到的事，比如狗狗生病了、或者狗狗吃飯和洗澡所需要的花費，還是得由大人來承擔。可是在妹妹和 Cocoa 的身上，我卻一次又一次看到一個女孩子為了愛能夠多勇敢。

有時候，對於害怕或不確定的事，我們總想著要做好萬全的

準備才敢去挑戰，可是計畫趕不上變化，人生就是有許許多多的意外，無法事先預料。就像我的奶奶，即便身旁的人擔憂她一個大小姐，跟著爺爺這個窮飛官東奔西跑，能習慣嗎、會幸福嗎？她還是義無反顧地跟著他嫁來台灣。可她怎麼預料得到，這個男人會因公殉職，留下她獨自撫養孩子呢？

就像我在生孩子之前，也看了許許多多的教養書，可我怎麼知道，每個孩子都有自己的特質，妹妹會這麼敏感和纖細？

人生有許許多多的困難，我們都會害怕、也會疲憊，但是想到我們所愛的人、事、物，不捨得讓他們受苦，心裡自然會滋生出無限的勇氣，讓我們一次又一次去克服障礙。

那天工作結束，我急忙趕回家，向來在客廳陪爸爸看電視的 Cocoa 不見蹤影，爸爸朝房門的方向指了指，我推開房門，就看到妹妹抱著 Cocoa 坐在沙發上。妹妹好溫柔的摸著 Cocoa，已經看過醫生的她，小臉上的傷口已經處理過了，因為包著紗布，看起來可憐又狼狽。

在我一再保證我絕對不會把 Cocoa 送走後，妹妹才小小聲

地跟我坦承：「傷口好痛喔。」

「妳不怕 Cocoa 再弄傷妳嗎？」我問她。

「有一點點。」妹妹說，然後又強調了一次：「可是 Cocoa 又不是故意的！而且牠也有很乖的時候，像牠剛剛還舔我的手。」

我聽著妹妹嘰嘰喳喳的講著 Cocoa 的優點，突然替妹妹感到好驕傲，當初那個因為跌倒就好久都不敢玩溜滑梯的小女孩，現在被劃出了這麼大的傷口，卻一點也不害怕再接近狗。她開始能夠自己面對人生的挫折，開始能夠自己處理問題，她終於不再是需要大家保護的妹妹，因為她也有了她想保護的對象。

因為勇敢去愛和學會包容，我的小女兒，開始長大了。

擁抱適合自己的幸福

上個月，我去參加了一位好朋友的婚禮。這位朋友年輕時因為忙於工作，一直沒有時間也沒有心思去談戀愛，直到快五十歲，才遇到了真命天子。她不是那種執迷於醫美的人，眼角已經有了化妝也蓋不住的細紋，婚紗也只是簡單而莊重的樣式，不像年輕新娘性感示人。

可是，那天她卻奇異的看起來年輕很多，尤其是看著她先生時，眼睛閃閃發亮甚至有點天真，像是少女看著熱戀中的情人。賓客們拱新娘新郎在台上接吻，縱橫商場多年、什麼場

面沒見過的她，居然還在台上害羞臉紅了，這真的就是熱戀中的少女才有的神情啊！我忍不住想，不知道現在的我看著我先生，還能有這樣迷戀的眼神嗎？

當然，我不是嫉妒，甚至也說不上是羨慕，只是有點感嘆，畢竟自己也是從戀愛到婚姻一路走來，才知道談戀愛跟婚姻，真的是完全不同的兩回事啊！

戀愛畢竟是兩個人的事，即使你們愛情長跑多年、甚至已經同居了，可是，如果起了爭執，想要出去散心兩天、或者各自關上房門不跟對方講話都是可以的，可是婚姻卻偏偏不行，因為婚姻已經深植扎根在生活裡，而生活是沒辦法喊暫停的。可能妳今天很不開心，可是孩子還是要吃飯，可能妳今天被先生氣個半死，可是下週是婆婆生日，餐廳妳還是要去訂……在婚姻裡，妳沒辦法任性的說不要就不要，這不見得是別人逼妳，而是妳心裡知道，跟這個人是要走一輩子的，妳現在任性了一次，之後因為妳這次的任性而破裂的感情，還是要自己去承擔。在婚姻裡，任性只是給自己的未來找麻煩。

而就是在這樣「顧全大局」的生活裡，很難免的，兩個人就

慢慢的磨掉了當初熱戀時的激情。

可是那不是不好，或者應該說，**戀愛和婚姻，本來就是不同的兩件事**。婚姻裡的愛，更像是一種革命情感，你們一起經歷了彼此人生最重要的幾十年，許許多多人生的大事，你們都和彼此一起分享創造，沒有人能取代彼此在心中的地位。**如果說戀愛像瀑布，那麼婚姻就像小溪，兩種各有各的美好，只是，哪一種對妳來說比較重要？**

如果，妳喜歡的是前者，那麼，妳是否有勇氣，承認自己就是不適合婚姻？

或許是因為傳統的老觀念裡，總是覺得女人年紀到了就是該結婚的，那是一種無形的壓力，所以有許多女人，糊裡糊塗、為了「完成任務」就結婚了，就像我朋友 Ella 的表妹 Eva。

我在 Ella 辦的聚會上見過 Eva 幾次，她非常漂亮，保養的也很好，每次聚會，她都帶著不同的年輕男孩出席，當然那是人家的私事，我們也沒有權力去管別人怎麼過生活，可是有次大概是因為在聚會上喝了一點酒，Eva 居然攬著身邊的

小鮮肉，對大家說：「這是我未來的老公。」

在那當下，大家都尷尬極了！因為在場的並不只有我們姐妹
淘，也有些人是帶著真正的老公來參加的！這些正牌的老公
雖然嘴上沒有說什麼，可是心裡一定會有一些不自在，甚至
會想，自己的太太怎麼會跟這樣的女人當朋友？

不是說女人一定要三從四德、不能隨心所欲，只在意著社會
規範過日子。可是 Eva 她並不是開心，而是在逞強，她表
現得極度灑脫，但把日子過成這樣，辛苦的還不是自己？

Ella 曾私下裡跟我說過，Eva 與丈夫感情不好，已經很多年
沒有性生活了，不是先生不願意，而是 Eva 提不起興趣，
Eva 經常嫌棄先生，說一看到他就覺得煩。

這個男人每天回家就只知道癱在沙發上，甚至襪子常常穿反
了也不在乎，總之，她只要看到她先生就覺得煩、覺得膩，
一點「性致」都沒有。更嚴重的是，他們不是因為結婚多
年，柴米油鹽、小孩的教育問題等……而失去了對先生的慾
望，她是壓根對先生就沒有慾望，甚至連小孩都不想生。當
時，她只是為了適婚年齡到了，感情又不順遂、心愛的人又

娶妻生子，所以嫁給一個「對她好」的人，不肯輸罷了。

除了這種無愛又礙於面子不想放棄的表面婚姻外，另一種就是剛提到的，因為現實生活的磨損，伴侶變成室友，家人的緊密感多了，但兩人之間的親密感卻少了。

像我有位朋友 May，曾經有一度也對她先生毫無性致。她先生那時剛長出了白頭髮，其實白頭髮根本不是大事，染一染就好了，就算不染，也有很多人是長滿白頭髮仍舊很有味道的。可是 May 的先生當時介意的不得了，每個晚上都在浴室裡對著鏡子翻來覆去一直照，想把白頭髮挑出來，那時 May 跟我說，她突然有種很煩的感覺，覺得她先生這麼怕老、這麼怕死，一點也不像個男人，她哪有可能對他有性趣？

當年我們帶著戀愛的眼光去看身邊的這個男人，覺得他是王子、是英雄，可結婚後日夜相處在一起，我們會慢慢發現，他也就只是一個平凡的人，所以，婚姻更需要維持。

維持兩個字說來簡單，做起來卻很難，因為進入了家庭，有太多太多事需要煩心了。妳想和先生單獨出去看場電影，可

能要先哄睡孩子、要先做好家事；妳和先生單獨出去餐廳吃頓飯，想到平常在家裡，什麼邋遢的樣子他沒見過，卻還要特地化妝、回家還要卸妝……我們都會懶，比起戀愛時想到要約會，就滿心雀躍，不斷照鏡子換衣服，婚姻裡要維持一點戀愛感，有時候甚至是需要一些刻意的。

有些女人在婚姻裡覺得不幸福，抱怨老公不再像戀愛時那樣甜言蜜語、噓寒問暖，可是有時候我們也要懂得檢討，縱然老公不再像當年一樣，但妳自己又何嘗像戀愛時那麼甜蜜呢？

我有個朋友常說，她得要喝了酒，才能夠對先生有感覺，雖然那只是個玩笑話，可是，卻很真實地說出了婚姻的現實。有時候，我們就是要有點刻意、甚至要 push 自己一下，當然我們都會懷念戀愛時那種自然而然就天雷勾動地火的感覺，可是，這就是婚姻啊！如果妳沒辦法接受，那為何要結婚呢？

一個女人幸不幸福，看眼神就知道，Eva 表面上自由，大夥都明白她先生對她外遇的事睜隻眼、閉隻眼，可是，她的眼神很多時候卻是悲傷的，但她也沒有勇氣改變，只想在縫隙

中，找到一點呼吸，用力地告訴自己或別人「她很好，她非常好」，所以她才那麼刻意地在大家面前秀恩愛，秀自己不在乎，很大膽勇敢。

而還有更多的女人，她們並不享受婚姻裡的穩定，甚至覺得那很沉悶，在婚姻裡不快樂的熬著，用一種冷暴力傷害了自己，也傷害了另一半。不敢去相信自己能夠有改變的能力。

時代真的變了，有時候，女人不結婚，並不一定是因為找不到適合的人，還有一種狀況是，妳本身就不是個適合進入婚姻的人，只是妳沒有勇氣承認，怕被別人說是不安於室。

可是，每個人要的東西都是不一樣的，不是說結婚就一定是好的，也不是說單身就一定比較快樂，女人要幸福，真的要勇敢，勇敢的認識自己，勇敢的做自己，才能獲得幸福。

大膽的去嘗試改變吧！每個人，都有資格擁有獨一無二的幸福，幸福是需要經營與勇氣，不管妳是喜歡瀑布還是小溪，拿出真心面對自己所要的，才會有真正的幸福與快樂。

擁抱適合自己的幸福

面對改變的勇氣

還記得十多年前剛結婚時，有個朋友興沖沖的問我：
「Mel，我想去上烹飪課，妳要不要跟我一起報名？」

「烹飪課？」我覺得莫名其妙極了，就算朋友是找我上馬術課我都不會覺得那麼莫名其妙，可是烹飪，why？「我為什麼要去上烹飪課？」

「因為妳結婚了啊！」朋友一臉理所當然：「難道妳不用煮飯給先生吃嗎？之後生了小孩，也要煮給小孩吃啊！」

不瞞各位，當時我的白眼簡直快要翻到後腦勺了，畢竟我一直以來的目標，就是當個女強人啊，哈哈哈！當然我不是說女強人就不能下廚，而是當時年輕氣盛，最討厭的就是那些賢慧的事，念書時也有許多同學會在情人節做小餅乾給男朋友、或者烤蛋糕給男友吃，但那時的我總想，世界這麼大，為什麼不把時間和精神花在更有趣的事情上呢？

或許是因為一來沒天分、二來沒興趣，老實說，我之前的廚藝真的很普通，當然是不至於煮到燒焦或者一團亂，但真的就只能煮煮簡單的菜色而已。兩個女兒小的時候，也不懂得挑，可隨著她們年紀漸漸變大，開始不吃副食品，外出用餐的經驗變多，懂得享受美食時，我煮的菜色，漸漸不能滿足小孩的味蕾，再者因為當時台灣深陷食安風暴，所以我想了好幾次要不要去學做菜。

可即使是這樣，我總還是猶豫著，每次考慮要不要努力學習廚藝時，心裡就會有個聲音阻止我，那個聲音在對我說：「Mel，really？難道妳也有這一天！竟然變成那種每天喜歡窩在廚房，洗手作羹湯的女人嗎？」

直到奶奶回台灣，對我端出的食物皺眉，我說出了我的想法後，奶奶卻對我說：「妳一直以來都想當女強人，又怎麼樣？我還不是一直以來都想在家相夫教子？可是當先生死了的時候，我還不是要想辦法賺錢養家？」

「那不一樣，妳是因為爺爺過世了，不得已才……」
「哪裡不一樣？」奶奶打斷我：「世界上本來就不可能每件事都如妳的預期，要是堅持不肯改變原來的觀念，日子要怎麼過下去？」

是啊！奶奶的話就像當頭棒喝般打醒了我，世事本來就不可能盡如人意，而我究竟是在糾結什麼呢？

就像奶奶說的，她一直以來，也從來沒想過自己有一天會這麼早失去先生、單獨養大孩子，可是當事情就是這樣發展，人若是不順著時勢改變自己，還能怎麼辦呢？

我想起有個朋友 D 的外婆——郭奶奶，就是這樣的一個人。這位郭奶奶和我奶奶一樣，也是在民國三十八年來到台灣，郭奶奶生了一男一女，日子雖然不富有，但那個年代的女人，幾乎都有吃苦耐勞的本能，努力養大了孩子，郭奶奶的

大兒子長大後到美國留學，畢業後在美國工作，在郭奶奶的丈夫過世後，把郭奶奶接到了美國，可是郭奶奶卻變得很不快樂，動不動就嘆氣說：「我一直以來就想著回家鄉，怎麼家鄉沒回去，還越離越遠，居然到美國了呢？」

人老了思念家鄉是很正常的事，但其實郭奶奶的兒子非常孝順，一開始，他經常陪著郭奶奶回台灣探親、回湖南探親，可是一來搭長途飛機對老年人來說，是非常辛苦的事，二來郭奶奶總是對一切都不滿意。

她的故鄉當然不是她二十幾歲時離開的樣子了，回到台灣，又嫌台灣湖南餐廳做的菜色她不滿意，在美國，更是件件事都不順心，以至於她在美國住了幾年，就鬧著要回台灣跟D的媽媽住。可是D媽媽怎麼說也已經嫁人，當年又要照顧她們三姐妹，因此郭奶奶常常嚷嚷著想回湖南、說都沒人陪她，但D媽媽也愛莫能助。

和我印象中奶奶總是精神奕奕、非常有活力和動力不同，D說她對外婆的印象，就是總是不斷地在唉聲嘆氣，說自己命苦，在美國時，郭奶奶常常想著要煮湖南菜，可是雖然有唐人街，但東西總不是那麼齊全，郭奶奶每次的抱怨都是：

「我怎麼這麼命苦，辛辛苦苦了大半輩子，連想吃個道地的剁椒魚頭都吃不到。」或者是在台北吃飯時，什麼東西都可以挑個毛病，不是疑神疑鬼、就是可憐兮兮，以至於 D 根本不是很想接近她的外婆，因為總是有聽不完的抱怨。

當然，在那個大時代下，離鄉背井的確很痛苦，這件事 D 也明白。可是郭奶奶的兒女都非常孝順，兒子又事業有成，明明可以很快樂地到處去玩、享享清福，可她卻放不下年輕時的遺憾，不肯改變想法，自己為難自己。

D 媽媽盡所能地想要讓郭奶奶過上好日子，但郭奶奶又時常對她說著：「沒關係啦，反正我就沒人要，嫁出去的女兒潑出去的水……」這種不管是誰聽了都不快樂的話，彷彿永遠就是自己沒有的或過去的，才是最好的。

雖然我的情況和郭奶奶並不相同，但看著郭奶奶想著自己，如果一直惦念著往日或者年少時的夢想，是否有天，就會成為別人眼中，總是對現況不滿的人呢？那麼，與其一直念著當年的夢想不放，還不如轉念好好活在當下，不是嗎？

我們常常說要「活在當下」，但其實，活在當下也是需要勇

氣的，要有勇氣承認有些事就是已經過去了，再努力也追不回來，要有勇氣承認事情就是不如妳原先計畫的那樣，要有勇氣去改變。

我發現，人之所以不喜歡做出改變的原因，除了是太執著以外，還有一種原因是，覺得改變就是承認自己做錯了。可是改變有時跟對錯無關，那就像是冬天來了就改穿厚衣服、夏天來了就改穿短袖一樣，我們做出改變，不是因為原本做錯了，而是要選擇更合乎當下的做法而已。

聽了奶奶的勸，我終於去報名了烹飪班，一開始時，還有點懷疑向來對做菜沒什麼興趣的我，會不會半途而廢？可沒想到，學著學著卻覺得越來越有趣，有次在課堂上學了做四季豆肉丸，做得很成功，回家後想到兩個女兒都是小朋友，一向喜歡吃這些有形狀像是丸子狀或是捲狀的料理，又可以讓她們多吃些青菜，很開心地就開始準備。

或許是因為太心急了，捏丸子時沒捏好，蒸出來形狀不漂亮又鬆散，筷子一夾就散了，當時我本來有點氣餒，可是大女兒看到了，卻指著散掉的肉丸子說：「好像加了四季豆的滷肉飯喔！」

於是我靈機一動，乾脆把肉丸子全弄散，重新炒了一下，變成一盤四季豆炒肉，雖然看起來很家常，沒有一盤漂亮的丸子那麼好看，可是當天吳先生回來，卻對這盤菜讚不絕口，他一直問我這盤菜叫什麼名字，我老實說了原本是要做丸子的，沒想到卻蒸散了，只好炒成菜，沒想到他一邊添第二碗飯一邊說，這一定比四季豆肉丸好吃，要我隔天再煮一次。

在那一刻，我突然明白，**很多時候，我們一直不肯放下過去的想法，真的不是原本的想法有多好，而是沒有勇氣承受事情已經改變的現狀**。那天我原本也有點氣餒，畢竟特地去上了課，又準備了這麼久，最後居然不如預期，可是轉念一想，我去學烹飪，不就是為了讓先生和孩子吃得開心嗎，雖然做出來的菜跟原本預計的不一樣，但他們都很開心，不就夠了嗎？

就像我另一個朋友，特別拿手的就是雞肉料理，最近我特地打電話向她討教，聊起來才發現，原來她那麼擅長做雞肉料理的原因，是因為以前她婆婆很堅持拜拜一定要用白斬雞，可是白斬雞很容易又乾又柴，孩子都不肯吃，丟掉又浪費，為了讓這些雞肉能順利吃掉，她開始想盡辦法做變化，有時三杯、有時把雞胸肉撥成雞絲做涼拌或搭配蔥油，反而多了

更多可能性。

這樣想來，**也許人生就像做菜一樣，計畫往往趕不上變化，總有許多不可控制的因素，懂得適時改變的人，才能夠應付每一個挑戰**。料理時，我們要珍惜食材的當下，面對每個變化；那麼或許，對於生活，我們也是要珍惜每個當下的勇氣，去面對它、接受它的改變。

Chapter 2

聰明的女人，
要帶點世故跟善良

無論我們怎麼做，都是會遇上這些討厭的事。

與其為了那些不懂得尊重別人的人，

去改變自己的原則、浪費自己的力氣，

倒不如好好守住自己的界線，

當一個有原則、也堅守原則的人，才是對自己的和善，

也才是對他人的和善。

守住界線，才是對他人和自己和善

有句話說：「道不同，不相為謀」，我真是覺得太有道理了，雖然說我是個非常愛交朋友的人，但理念不同的人，真的一點都不適合來往，即使勉強相處，總有一天也會因為觀念不合而鬧翻，而前幾天，我的朋友 Chloe 遇到的一件事，又更加堅定了我的這個想法。

Chloe 打電話來時，我其實已經準備睡覺了，看到手機上顯示她的來電，有點驚訝，因為她是個非常體貼的女孩子，即使身為插畫設計師的她是個夜貓子，但她知道我有兩個女

兒，要配合小孩的作息時間，幾乎不會在晚上打給我。

接起電話，她慌張地問我，有沒有認識的律師朋友可以介紹給她？聽到她需要律師，我嚇了一大跳，連忙問她怎麼了？她才告訴我，這半年來她遇到了一件多扯的事。

半年前她去參加同學會，有個同學主持著一個慈善性質的基金會，知道她是插畫家，就請她設計幾個可愛的娃娃圖案，想印在馬克杯上義賣，她想說是老同學，二話不說就當場答應了，沒想到回家發報價單給對方後，對方卻立刻打了電話來說，只是幾個簡單的插畫，「不用報價了吧？就隨便畫一畫就好了啊！」

她說，當下聽了其實覺得很不開心，因為插畫是她努力多年、好不容易才累積起來的專業，怎麼可以隨便畫一畫？為了公益她當然很樂意幫忙，可是為什麼要抱著隨便的態度？好像自己的專業，不被當一份工作來看待跟尊重。可是她想來想去，就是不好意思開口拒絕，又想到當時同學說是要義賣，也就算了，還是把插畫畫出來交給了對方。

因為覺得不開心，所以那之後她們就沒有再聯絡了，後來，她

輾轉聽到共同的朋友說那位同學最近創立了一個文創品牌，身為創作人的她當然覺得好奇，上網去查了一下，才發現半年前她交給那位朋友的作品，居然堂而皇之地被當成所謂的「滿額贈品」！

這是多麼不尊重人的事啊！即使 Chloe 脾氣再好，也忍不住生氣了，她打電話給老同學問是怎麼回事，沒想到對方卻理直氣壯地說：「當時候印太多義賣沒賣完，放著也是浪費啊！」她生氣地跟對方說了著作權的概念，對方也只是一直打哈哈，一下說：「有這麼嚴重嗎？就是幾張簡單的插畫。」一下又說：「我又沒有拿來賣，沒有營利！」

更離譜的是，幾個禮拜後，她居然收到一張對方寄來的律師信。對方不知從哪裡找到她的私人臉書 murmur，將她那並沒有指名道姓的訴苦文章，對號入座，告她毀謗名譽。

「我真的很生氣！」Chloe 委屈到都快哭了：「不只氣她，更氣自己，當初一開始，感覺不對勁的時候，為什麼不勇敢拒絕她？不相信自己的直覺？」

我真的完全可以理解 Chloe 的感覺，不僅僅是生氣、還有

一種被軟土深掘的委屈。因為這樣的事，我也常遇到，因為我的工作性質，常常有朋友或者朋友的朋友有什麼產品發表會，都會希望我能夠去參加，而且總是一副輕鬆的口吻對我說：「反正妳就來一下，當作出來玩」。

其實，我已經過了那麼愛出去玩的年紀了，比起在外面Party，我更喜歡舒舒服服的跟朋友們聚會、跟先生在家裡一起追劇、陪兩個女兒一起讀故事或者和狗狗Cocoa玩。再者也是因為我有公司、有合約，無論如何都該尊重公司的規定，不得不鼓起勇氣拒絕，多數時候跟朋友解釋之後他們可以體諒。

可是，我也曾遇過無法理解我難處的人，在知道我有合約後，還是要求我在Facebook上幫他放我跟產品的合照，還說「妳就順手貼一下，花不到妳一分鐘」。

當下我雖然聽了不舒服，但想到不是人人都經營社群，也許對方不懂，社群是需要花時間和心思經營，而不是想到什麼就亂貼的流水帳，沒想到我解釋了半天，對方卻回我一句：「說來說去，妳就是要收錢嘛！」

從那一次之後，我就懂了。有時候，我們被別人討厭了，總會急急忙忙地想去解釋，覺得這中間一定有誤會，只要解釋清楚了就會沒事，就像我那次也很努力想解釋，這不是錢的問題，而是這就是我的工作，就算我不在乎自己，也得在乎公司的看法，可是後來我才發現，有些人不是不懂，而是他根本不想去了解，因為他心裡只有自己，只要你不照他的意思做，他就是覺得你在找理由、找藉口，說得坦白點，有些人就是不懂得尊重別人。

前幾年有本很紅的書叫《被討厭的勇氣》，我想，我們需要的，就是這份勇氣吧！**很多時候，我們不是不知道錯不在自己身上，不是不知道別人懷著惡意，可是就是沒有被討厭的勇氣，才會做出很多徒勞無功的事情想去挽回。**就像我有個朋友經營了一個粉絲專頁，分享一些如何幫寶寶做副食品的心得，有天她推薦了一種分裝副食品的盒子，卻有網友酸溜溜的留言，說她利用孩子接業配賺錢。當時她也氣得要命，因為她根本沒有接業配呀，她專頁上寫的那些，全是她自己的心得和育兒紀錄！當時我勸她別在意，畢竟這樣的事到哪裡都有，可是她卻委屈得不得了，甚至一度想把專頁關掉，別經營了，直到我對她說：「妳的粉專幾萬個粉絲，莫名其妙討厭妳的也就這一個，為什麼妳只記得這個討厭妳的人，

卻不想想其他幾萬個喜歡妳的人呢？」

我想，無論我們怎麼做，都是會遇上些討厭的事。與其為了不懂得尊重別人的人，去改變自己的原則、浪費自己的力氣，倒不如好好守住自己的界線，當一個有原則、也堅守原則的人，才是對自己的和善，也才是對他人的和善。因為真正值得妳來往的人，非但不會介意妳有妳的原則，相反的，他會尊重妳的原則；至於那些不懂得尊重妳的人，並不會因為妳的妥協而感激妳，只會軟土深掘，就像是 Chloe 的同學對她那樣。

像那樣的人，我們又何必在乎他是否討厭妳呢？畢竟，一個不懂得尊重別人的人，無論妳怎麼做，他都不會感激，因為從頭到尾，他心裡也就只有他自己罷了。

聰明的女人，要帶點世故和善良

我曾經問過奶奶：「妳為什麼會嫁給妳第二個先生啊？」

會問這樣的問題，是因為奶奶在我心裡，簡直是傳奇人物，她在很年輕的時候飄洋過海的跟著爺爺來到了台灣，兩個孩子出生沒多久，爺爺就因公去世，使得她必須獨自帶著孩子，也回不了娘家。之後她跟第二任先生相遇，一起過了幾年幸福日子，沒想到幾年後第二任先生也過世了，為了四個孩子的未來著想，隻身帶著他們去到了更遠的美國……這樣比戲劇還高潮迭起的故事，怎麼能不叫我好奇呢？

結果奶奶卻給了我一個無比現實的回答，她說：「因為他對我的孩子好。」

我明白，奶奶帶著孩子再嫁，肯定不可能找個對孩子不好的男人。同樣身為母親的我，理解把孩子擺在第一位是很自然的事。可是奶奶那理所當然的口氣，還是讓我覺得很訝異，因為奶奶無論怎麼看，都不像是個會向現實低頭的人啊！想當年她可是一個什麼事都有傭人幫忙做好的千金大小姐，因為愛上了一個窮小子，她二話不說的跟著愛人離鄉背井，如此勇敢又強悍，怎麼可能輕易向命運低頭？

再來是我相信奶奶對第二任丈夫也是有極深的感情的，畢竟她若只是想找個男人依靠，爺爺剛過世的前幾年那些最苦的日子早該嫁了，又何必等那麼多年，可是這話說起來，怎麼感覺那麼現實考量？

「情呀愛呀是年輕人的事，我那時都幾歲了？」奶奶是這樣回答我的：「人啊，要面對現實，不敢面對現實的人，永遠得不到快樂。」
那時我還年輕，聽不懂奶奶話裡的深意，只覺得現實什麼

的，聽起來好世故，可現在，我卻慢慢懂得了，那就是奶奶人生受了這麼多波折、過了這麼多苦日子，卻能神采奕奕、從不怨天尤人的智慧。

前兩週，我和兩個女生朋友吃飯，她們兩個一個四十五歲，一個四十三歲，都是眾人口中的很懂得享受日子的貴婦。其中一位一走進餐廳，跟另一位有事業、有老公疼愛，感覺永遠都在享受日子跟出國旅遊，跟老公吃喝玩樂的貴婦說，我看臉書妳怎麼又出國了，不是才跟老公去埃及看金字塔，怎麼回來沒兩天又去看極光，你們怎麼都不用上班喔，是開旅行社嗎？

那口氣酸溜溜的，好像見不得別人好，非得諷刺兩句的樣子，可是那也不是嫉妒，畢竟她自己也去得起，可有些人，似乎就是沒辦法替別人感到開心，原因很簡單，因為她自己過得不快樂。

當然我們跟她是熟朋友，也知道她確實過得不開心，她和先生感情不好，先生總是外遇。我知道她心裡一定很痛苦，畢竟哪個女人不希望和先生感情好呢？可是說實話，和先生感情不好的女人，我認識好幾位，比她先生做得更過分的也不

是沒有，這其中，有人勇敢離了婚重新開始，有人雖然因為一些原因繼續維持著表面的和平，卻也有其他的方法讓自己快樂起來，唯有她，一直不上不下的卡著。

當女人不容易，經營婚姻很辛苦，婆媳相處是學問，孩子也讓人擔心，可是隨著年紀越來越大，我越來越覺得，就像奶奶曾說過的，「無法接受現實」才是女人不快樂的主因，而現實是什麼呢？現實就是——她不願意離開先生重新開始。

坦白說，如果是年輕時的我，聽到這種先生不斷出軌的婚姻，大概就二話不說勸她離婚了，畢竟這都什麼年代了，女人靠自己，也可以活出一片天，可是這些年我慢慢明白，每個人有不同的人生觀，每個人也都接受著不同的教育觀念長大，重新開始沒那麼容易。說得現實點，她的婚姻雖然名存實亡，可是先生可以給她還有孩子一個安穩的家，如果她衡量後決定自己無法出去闖，也擔憂自己的工作能力，決定繼續經營彼此的婚姻生活，那為什麼要批評她？不能尊重她對於婚姻跟家庭的選擇？

雖然這樣說，有些愛情至上者會覺得有點太過實際，可那就是最真實的現實不是嗎？如果她能夠理智的想清楚通盤現實

考量，可以用另一個角度去看待這段婚姻，有什麼不好呢？

說到「世故」，小時候總認爲斤斤計較、精於算計不是好事，可我卻漸漸懂得，善良成熟的世故，是一種大智慧。世故不是要妳去算計別人、要妳去害別人，而是知道自己的能力在那裡、把握能夠掌握的東西。

就像奶奶，當初在考慮第二段婚姻的時候，可能不像認識我爺爺那時期如此純粹的愛，還是要必須考慮到這第二段婚姻，對她的孩子跟現階段的家庭，影響是什麼。再婚後，她也爲她的第二任丈夫照顧家庭、打點一切，盡了一個做太太應盡的所有職責，兩人也互相扶持走過許多年，還生了兩個孩子。

咀嚼多年後，我終於懂得當年奶奶那句「因爲他對我的孩子好」是什麼意思，因爲她接受了自己帶著孩子是無可改變的事實，縱使她再埋怨命運也沒用，已經發生的無法改變，重要的永遠是當下，唯有把握當下，做到當下能夠做的，才能獲得更好的未來。

年輕時，女人的勇敢是奮不顧身的，就像奶奶爲愛走天涯、

就像我當年為了追求一個夢想，毅然決然自己跑回台灣，但那種不顧一切的勇敢，是因為年輕，因為還有好多時間、好多體力，所以我們不怕失敗、甚至可以把失敗當成一種難得的經歷。

現在事業發展越來越國際化，很多優秀的工作機會常常在外地，可若現在有人跟我說，有個大好的工作機會，只是要離開台灣好幾年，我還會去嗎？

我想，現在的我已經沒辦法像二十歲時，馬上給予肯定的答案，必須要通盤思考跟家人討論，才能給予正確答案。

就像我有個好朋友，她公司亞洲最大的基地是在香港，她當然還有自己的夢想想追求，但有時候，她會通盤考慮的更縝密，要如何顧好剛在台灣發展事業的先生？留在台灣陪著先生孩子好？還是就帶著小孩去香港上班，週末再飛回來看先生？或是申請調回紐約總公司，託父母照顧孩子？

要如何兼具夢想跟家庭，女人總是會在不同的階段，學會有不同的安排。當然，這是一般上班族女性對於工作、夢想跟家庭的思索；而每次在拍戲時需要百分之百專注的我，真的

有辦法捨棄家人這麼久嗎？在夢想跟家人之間還會像年輕時那麼勇敢嗎？老實說，我覺得我當然還是勇敢，只是勇敢的方式不同了。

年輕的時候我們可以不顧一切，是因為當時的我們，什麼都沒有，就是時間最多，可是到了另個階段，我們有許多考量，甚至會開始精算投資報酬率，那並不是因為變得膽怯了，相反的，這是另一種成熟女人的勇敢，去正視自己不再有那樣的體力是一種勇敢，去誠實面對自己當下的需求也是勇敢，更重要的是，能夠承認自己並不是女超人，對許多事情就是力有未逮，也是一種勇敢。

以前的我很拚，總覺得做不到的事，那就是加倍努力，總有一天可以做到。現在我還是相信天下無難事，只怕有心人，只是我會想，那東西真的值得我那麼用力去追求嗎？還是，我只不過是在跟自己賭一口氣呢？

懂得放過自己，才能夠真正享受生命，而面對現實、接受現實，就是放過自己的第一步。

　　　聰明的女人，要帶點世故和善良

包容他人的選擇，才是真善意

一直以來，我都覺得愛是需要方法的。很多人明明滿腔眞心，可是因爲表達方法不對，被妳愛的人，非但不覺得快樂，還覺得煩甚至討厭，最後反而變成妳越愛他、他越要逃跑，比完全不愛，更叫人覺得難受。所以，我一直有著去聽很多演講、參加很多課程的習慣，不管是關於婚姻的、還是關於親子的，都是我一直以來努力學習的目標。更有趣的是，在那樣的課堂上，我總會認識來自各種不同環境的人，聽到各式各樣不同的遭遇，那更是一種開拓眼界的方式，讓我們不要一頭沉浸在自己的挫折和委屈裡。

老人家都說「家家有本難念的經」，確實這麼多年來，每次我聽見別人的故事，都還是能有所體會和學習。我不敢說自己已經很懂婚姻了，但畢竟也已經結婚十多年，對婚姻也有了一些了解，可前陣子，我在一個婚姻的心靈成長課上，還是聽到了一個讓我覺得既錯愕、又大開眼界的故事。

每一次的成長課，參與的都是不同人，而那天，我一眼就注意到 C。她很年輕，看起來絕對不超過三十歲，不是那種一眼就讓人家覺得「哇！這是一個大美女」的類型，可是看起來非常清爽乾淨。我一直覺得相由心生，這個「相」不單指的是長相，而是指整體給人的感覺，像我就是一個個性很急的人，常常都還沒坐下來，就開始拿包包裡的筆記本和紙，恨不得同時做兩件事情、甚至三件事情，可是她整個人看起來非常的優雅從容，那不是裝出來的，而是她的氣質真的非常好。

輪到她分享她的故事時，C 從包包裡掏出了一張紙，折得很整齊，但又不是那種很偏執的四個角要對齊的那種折法。我們傳閱著那張紙，輪到我看時，我簡直覺得一頭霧水，因為那張紙上，寫著一堆莫名其妙的事情，像是「廁所的衛生紙昨晚就沒了，早上依舊忘記補」、「早餐的柳橙汁渣又沒濾

乾淨，已提醒過妳三次」，洋洋灑灑寫了一大堆，我心想這是什麼東西，沒想到 C 接下來說的話，卻讓我震驚到嘴都合不起來。她說，那是她先生寫給她的，每天出門前，她先生都會寫下今天覺得不滿意的地方，然後把字條用磁鐵貼在冰箱上。

在那一刻我簡直覺得傻眼了！這個男人以為他在做什麼？訓練下屬嗎？當然我不是說男人對家事有所要求不對，畢竟每個家庭都有不同的分工，可是那口氣怎麼可以這麼理所當然？每天寫一張這樣的字條數落太太哪裡做得不好，也太嚴屬了吧？可是接下來她說的話，卻更讓我感到離譜，她說，她先生原本不是這樣子的，是從她生了孩子之後，才變成了這樣。

C 說，她先生從來就不喜歡孩子，婚前就明白的告訴她，如果她喜歡孩子，那兩個人就不適合在一起。當時 C 一來年輕，二來也覺得先生不喜歡孩子，不外乎就是怕吵、沒耐性這些理由，不是什麼嚴重的事。直到前年她意外懷孕，她才發現，先生抗拒有小孩的程度，超乎一般標準。

她跟先生說，如果他怕孩子吵、沒耐性照顧孩子，沒關係，

她來顧就好，但先生卻冷冷地告訴她，他不只討厭孩子，尤其討厭女人生了孩子以後，就變得挑剔、囉嗦、計較，動不動就哀聲嘆氣，一個女人生了孩子，就從珍珠變成魚眼。

這麼詭異的想法，把在場所有的人都嚇傻了，有人想了想，問：「妳先生的心理是否有一點不正常？」

C說，她當時也覺得非常奇怪，甚至還私下和她公公談過，才知道她先生的母親，其實在生下他之後，就得了產後憂鬱症，只是以前那個年代，很少有人懂這些。公公當然也不懂，只覺得婆婆脾氣很差，動不動就發飆，一下狂吼罵人甚至摔東西，一下把自己鎖在房間裡哭，而當時她先生身為孩子，只能默默承受著這一切，也因此她先生的童年，幾乎可以說在一種精神虐待中度過，或許是因為這樣的原因，才導致於她先生對孩子有一種深度的恐懼。

心病還需心藥醫，更重要的是，也得要先生自己有病識感，可她每次想找先生談這個，先生就大發脾氣，罵她「妳看，妳就是因為懷孕了，所以開始變得神經質，整天胡思亂想。」當C堅持要把孩子生下來，她先生也只是冷冷地說：「妳堅持要生，那妳就自己顧。」所以整個孕期的產

檢、生下孩子之後坐月子，她先生都完全沒有參與，更別提要幫嬰兒餵奶換尿布了，甚至開始每天寫字條提醒她生孩子後，家裡有哪些地方沒顧好。

聽 C 分享完她的故事，在座的每一個女人幾乎都傻眼了，有人嘴快，立刻說：「這種男人還在一起做什麼？不如離婚算了！」可 C 卻笑笑地說：「我朋友也都這樣講，但其實，我先生還是有他的優點，像他對金錢非常大方，而且非常尊重我怎麼安排家用，給我之後，絕不會過問我怎麼使用，我請了保姆幫手，他也沒有說什麼，其實我比起很多人還是很幸運的！比起不斷叫我離婚，我更需要的，是別人的鼓勵。」

聽 C 這樣說，在那一刻，我真的非常非常佩服她，這是一個多麼勇敢的女人，才能在這樣的情況下如此樂觀呢？

當天回家後，我一直在想 C 的故事，甚至想，如果易地而處，是我遭遇了那樣的事，我能像她一樣堅強嗎？女孩子在一起，總會講些內心話，彼此打氣安慰，從年輕時講男朋友，到中年時講丈夫、講孩子，我還記得年輕時，若聽到哪個朋友的男友劈腿、對她不好，我總是會很生氣地說：「這

種男人快點分一分吧！」甚至會說：「如果我是妳，我才不會忍氣吞聲。」這些都是我的真心話，可是，現階段的我學會了，應該尊重別人的選擇。

批評別人很容易，但尊重別人卻很難，當我們指責別人懦弱，說出「如果我是妳，我早就……」這種話的時候，其實都只是假設，真正易地而處換成是妳的時候，妳也不見得做得到，而就算妳做得到，為什麼偏要用自己的勇敢、去彰顯別人的懦弱呢？

每個人有每個人不同的人生經歷、不同的個性，這都會影響我們在遇到事情時，做出不同的選擇。很多時候，我們勸別人該怎麼做，當然出發點是善意的，可是脫口而出的話，卻變成了指責。朋友不想離開那個傷害她的男人，妳就罵她懦弱，朋友不敢離開已經變質變調的婚姻，妳就罵她膽小，自以為是在勸她、是在鼓勵她，但事實上，妳只是不斷地在傷害她而已。

我不是說朋友遇到困難時，要冷眼旁觀、漠不關心；而是說，我們要學會尊重別人的選擇。像對於 C，我後來從美國探親回來時，送給她一款榨汁機，非常好用。她先生習慣

在早餐時喝果汁，這台機器可以節省她做早餐的時間，讓她多一點時間陪孩子。C 非常高興，頻頻跟我道謝，其實我不是做了什麼偉大的事，只是想，比起批評她的先生，或同情她的遭遇，對她其實都一點幫助也沒有，不如先尊重她的選擇，才能夠提供她真正需要的幫助。

我不知道 C 將來會怎樣，她先生會不會有天發現，其實生了孩子的女人也可以很快樂，而改變了觀念？又或者是越演越烈，導致 C 總有一天發現自己再努力也無法停止先生的挑剔？這些我都不知道，未來的事其實誰也說不準，而我們也只能活在當下。C 做了一個很勇敢的選擇，而身旁的人，也只能鼓勵和祝福，因為這是別人的人生，她有權利做出她自己的選擇。當妳懂得這樣尊重別人，有天，當妳勇敢做出屬於自己的選擇時，擁有的，就是滿滿的支持與愛，去包容尊重妳的每個決定。

包容他人的選擇，才是真善意

女人不用完美，但一定要美

愛美是女人的天性，我也是女人，當然也很在乎自己的外表看起來美不美，所以，每次只要看到我的編輯 Sissy，我都高興得不得了，因為那表示這本書的書封一定會很美，會有嶄新的嘗試！當然，出了這麼多本書，我的編輯都很棒，可是無論是拍攝雜誌封面或者自己書籍的封面都跟挑伴侶有點像，還得要適合才行，而這幾次合作的編輯 Sissy 真的是很懂得我想要什麼，每回都能幫我做出一些小小變化，既不會太搞怪到讓我都不像我自己了、卻又有不同的新意。有好幾次她幫我做完書封，我都忍不住抓著她說：「Sissy，這真

的太有趣了，我覺得好過癮喔！」而她也很高興，畢竟身為編輯，提出了創意能被作者接受，就是最好的回饋。

可是說也奇怪，最近每次我看到 Sissy，她都一副很累的樣子，有時雙眼裡都是血絲，而且居然在短短兩、三個月內，胖了十公斤。本來我還以為她是不是身體出了什麼問題，有次終於忍不住問她，結果她跟我說，她最近談戀愛了，她的男友是個剪接師，所以幾乎每晚她都陪著男友剪片，等到兩、三點男友工作完，一塊去吃宵夜後，才一起回家。

我覺得很驚訝，畢竟她的工作性質就是大清早就要到公司打卡上班，偶爾一兩次熬夜陪男友剪片也就算了，可幾乎天天都陪，她的身體怎麼受得了？可她卻跟我說，男友在忙碌工作，她身為女友就應該支持，自己自顧自的就去休息也太自私了。我忍不住問：「可是妳在旁邊陪他剪片，也很無聊吧？」Sissy 就說：「是有一點啦，但是我想支持他啊！女人不是就應該支持男人的工作嗎？」

看她笑得一臉甜蜜，我也不能說什麼，但我心裡卻覺得有點心疼，有些女孩子明明有自己的工作、有自己的人生，但只要一談戀愛，生活就完全改變，幾乎以男友為重心，整個人

完全圍著男友打轉。當然我不是說我們要很嬌氣、很自我，畢竟只要你是真心愛著對方，想為對方付出就是很自然的事，只是有時候，我忍不住在想，是否在女人的潛意識裡，我們都不自覺地給自己太多框架，覺得要像電影《超完美嬌妻》（The Stepford Wives）裡的女人一樣，要又溫柔又懂事、又漂亮又體貼，又要會下廚、又要會帶孩子，可同時還要保持優雅，就像中國那句老話說的，要「上得了廳堂，下得了廚房，進得了臥房？」

當然對自己有要求是好事，可是人生哪有那麼完美，我們又不是機器人，總會有情緒，可偏偏女人卻總是習慣壓抑著自己的需要。很多時候，我常常覺得，現代女人表面上看起來很懂得愛自己，不管是外表還是內在，我們都把自己打理得很好，可只要一談戀愛，內心裡傳統的一面就不自覺地冒了出來，就像我另一個朋友 Luna，她是一個家庭主婦，所以，無論她先生說什麼、做什麼，她都不敢反對，就像去年，她先生帶她和小孩一起去日本玩，可是那時鋼彈東京基地剛開幕，身為鋼彈迷的先生，一到那裡就完全樂壞了，平常逛半個小時街就喊無聊的男人，居然像女孩子走進 outlet 一樣樂不思蜀！當然，男人有自己的興趣是好事，可他們的孩子是個女兒，對鋼彈根本沒興趣，一開始還很好奇東看西

看，但不到半小時就開始鬧無聊，一下要媽媽抱，一下不停問什麼時候要走，Luna 只好一路抱著女兒哄，可是四歲的小女孩，起碼也有十幾公斤了。又是個很嬌小的女生，那一整天下來，她的手痠得不得了，本來她好期待去台場看夜景，可是抱了一整天的小孩，她累得連拿筷子吃飯的力氣都沒有，只想回到飯店裡躺著不動。

我問她為什麼不跟先生說清楚，就算先生想逛鋼彈基地，那她帶著女兒去附近逛逛女兒喜歡的東西難道不行嗎？可Luna 卻跟我說，她覺得自己既然在家帶孩子，那麼男主外、女主內，她就是該聽先生的意見，更何況先生已經特地帶她和孩子出國玩了，她也不應該再挑三揀四的。

當然知足很好，我也不是說女人就應該要挑剔，可是如果妳有任何不滿，為什麼不說出來呢？也不是鼓勵女人要挑剔，只是很多時候，女人好像總給自己設了許多的條條框框，很努力每一樣都要拿到一百分，卻忽略了自己的狀態。就像 Sissy 覺得女人就該支持男友的工作，明明很累、也覺得很無聊，但是硬逼自己陪著熬夜；又或者像 Luna，整個日本的行程，她光哄孩子就筋疲力盡，可最後還要一直對自己說「先生對我很好，帶我出國玩」。對自己有要求是好事，

可是我們又不是機器人，不可能時時刻刻做到一百分，我們會有挫折、會有疲憊，而一旦忽略自己的狀況，就會產生許多負面情緒，就算妳忍著不說出來，可有句話說得很好，叫「相由心生」，一個不快樂的、委屈的女人，很自然的就是會皺眉、就是會緊繃著嘴，那就不美了！而「美」對每一個女人來說，不是最重要的事嗎？

我常常說女人就是要美，也常常說自己這一輩子的目標就是美美的，可是千萬別誤會我指的只是外表，不是說妳一定要每天化妝、看見一條皺紋就緊緊張張的上醫美診所，而是一種由內而外的狀態。

一個快樂的女人肯定是美的，就像我奶奶，她就是一個快要九十歲的女人了，就算穿著再好的衣服、拿著再貴的包包，也掩蓋不了她就是個老太太的事實，可是每個人看到她，都覺得她看起來很精神奕奕，甚至有次我給朋友看奶奶回國時我們一起出去玩的照片，她看了看，跟我說她希望自己老了的時候，可以成為像我奶奶一樣漂漂亮亮的老太太。當時我覺得很好奇，畢竟照片裡幾個奶奶滿頭白髮，穿著寬鬆的休閒服飾，老人怕摔所以穿著布鞋，怕光所以戴著墨鏡，整張臉都被遮去了一半，哪裡看得出來漂亮不漂亮呀！而我的朋

友也說不上來爲什麼，只說她覺得奶奶看起來就是很自在、很從容的樣子。

聽她這麼一說，我仔細的看著照片裡的奶奶，才發現奶奶整個人是挺直的。我的意思不是說快要九十歲的奶奶沒有那些老人家常有的腰痠腿痛的毛病，而是在照片裡，奶奶整個人看起來就是最自在的狀態。她面帶微笑，但那個微笑不是因爲鏡頭在拍所以刻意做出來的，而是她那一整天都一直在笑！我仔細想了想，才發現奶奶的美來自於她從來不委屈自己。像她回台灣時，我們去吃飯，吃的是她愛吃的東西，也是她選擇的時間，甚至同桌吃飯的，都是她的好朋友，但那是因爲奶奶從來不介意表達她在想什麼、她需要什麼，所以她才能夠過得這麼自在。

小時候被人說像奶奶，我其實是有一點不開心的，因爲奶奶一直被認爲是個強悍的女人，難免有點兇，但長大以後，不用別人說，我自己也知道自己很像奶奶，並且覺得像奶奶眞是太好了。去年奶奶回台灣時住在我家，我有好多機會觀察奶奶的作息，發現她確實活得非常有條不紊，一頭白髮的她沒有染頭髮，可是剪得短短的頭髮梳得很整齊，即使那一天沒有要出門，她也不會披頭散髮。其實一直以來在我的印象

中，奶奶都是把自己的外表整理得很好的，即使是年輕時很窮困，買不起漂亮的衣服，她也盡力把自己弄得乾淨舒服。她最常跟我說的話就是：「**活著就是要美！不管日子好過或難過，就是要活得漂亮！這是尊重自己！妳不愛惜妳自己，誰會愛妳？**」

而現在，我想把這句奶奶的至理名言，送給所有的女人。

我們都不是電影裡的超完美嬌妻，女人無須苛求自己要做到完美，但我們必須要美，不只是外表，更是心態，因為我們終究都是需要被關懷、需要被愛的，而當妳不在乎自己、不愛自己的時候，別人怎麼會愛妳呢？

女人不用完美，但是要美，不只是外表，更是心態，一個心裡美的女人，絕對不可能是心裡有很多怨念、甚至很多仇恨的。所以平時有什麼不高興，千萬要說出來，千萬不要以為默默忍耐是美德，反而讓自己變得不美了。

女人不用完美，但一定要美

每個女人，多少都有點 Drama 因子

我常常說，女人要有工作，因為工作可以帶給女人成就感、也可以帶給女人自信，所以我是非常熱愛我的工作的，但熱愛的同時，我也必須承認，我還是經常會對工作有很多抱怨，忙了一天回家時，會心想，「天啊，我幹嘛這麼辛苦。」

接到一個需要做很多功課的工作時，也會心想，「天啊，我幹嘛這麼累。」但說來好笑的是，以前我先生看我工作這麼忙，總是會說「那妳就不要做了，何必把自己搞得這麼

忙？」雖然他不是一個會說甜言蜜語的男人，但他的體貼一向是用行動表示的，表現上看來，好像他對我的那些抱怨很不耐煩，但實際上，他只是關心我，所以那時候，只要有比較長時間的工作機會，像是拍戲或主持，他都會希望我不要接，因為他覺得，依照我要求完美的個性，只會把自己搞得又累又忙，何必呢？

可是很好笑的是，十幾年過去了，現在他一聽到我說有什麼工作機會找上門，而我正在考慮，他一定立刻說「去呀！去試試看嘛！」又或者是聽我說起什麼事情挺有趣的，他也會立刻鼓勵說「那不然妳也去報名參加呀，反正孩子也大了！」更好笑的是，有次我們和經紀人一塊兒吃飯，他居然半開玩笑地跟我的經紀人說：「Mel接下來的工作是什麼？妳要快點找事情給她做，千萬不要讓她無聊，因為她一閒下來，我就慘了！」一邊說，他一邊還擺出一副很害怕的表情，看得我是又好氣又好笑，拜託，有那麼誇張嗎？

可是，結婚十多年，吳先生確實是越來越了解我了，因為我真的是一個天生閒不下來的人。事實上，我發現許多女人都有這樣的特質，像是明明工作很忙，可是卻硬要每天煮飯，又或者半夜起來上廁所，順手就是想整理一下浴室。以前我

一直不明白，為什麼女人總是一邊抱怨很累、一邊又把事情拚命攬上身呢？就像我在工作時也常常覺得好累，可是一收工又開始期待明天開工，這麼矛盾的心情，有時連我自己都不了解自己，直到前幾年我開始看營養師，並接受了一個很有趣的血液檢測，那是一個檢測身體裡賀爾蒙的特質的，當報告一出來，我的營養師就哈哈大笑，她跟我說：「難怪妳沒事就這麼 drama ！因為妳的賀爾蒙就是標準的女明星指數啊！」

營養師告訴我，其實大多數的女孩子，都是具備一點點的女明星特質的，只是比例問題，有人多、有人少而已。所謂的女明星特質，並不是說妳懷抱著明星夢，而是一種天生有點戲劇化的個性，只要生活太平淡，就會覺得焦慮，所以潛意識裡一直給自己找事情做，看起來好像把自己搞得很累很忙，可當妳真的不忙的時候，反而會更心慌意亂，因為妳不知道下一步的目標在哪裡，就會像迷失了方向的無頭蒼蠅一樣！在那瞬間，我想起吳先生老是說我很愛自找麻煩，天啊，難道真的被他說中了嗎？

可別以為有這種毛病的只有我而已，事實上，我真的認識好多閒不下來的女人。比如我的朋友 Sally，就是一個標準閒

不下來的代表。有一次我們一群姐妹淘約吃飯，Sally 拿出一本封面上寫著「黑部立山六日遊」的小冊子，我們一邊翻閱一邊嘖嘖稱奇，畢竟這本小冊子實在是太豐富了！不僅有完整的時間規劃、每個景點的特色和照片，甚至連附近的地圖都詳細的列在上頭，而幾乎只要是室外的行程，後面都有加註雨天的 plan b。我忍不住問她找的是哪一家旅行社，沒想到她卻說：「什麼旅行社！這是我自己做的！妳看，連妳們都覺得我準備的很好，可是我婆婆卻還一直挑剔！」

畢竟這是一個姐妹淘之間的聚會，我們當然七嘴八舌的安慰著 Sally，可聚會結束後，我卻不禁偷偷想，做這樣一本小冊子也太費工了吧！畢竟她可不是隨便把行程表拿去影印而已，而是做成了一本圖文並茂的旅遊指南，可是，又有誰要求她這樣做呢？就算婆婆交代她安排行程，但也絕對不會要求她做出一本旅遊指南來，只是很多時候，女人真的就是很愛自找麻煩而已。只是，當我們不夠了解自己、沒有意識到這一點時，真的很容易陷入一種「我這麼辛苦、這麼忙，到底是為了誰」的委屈，卻忘了這一切都是我們自己的選擇。

但當然，每個人都需要被誇獎，有時候我在想，所謂的女明星特質，表面上看起來似乎風光亮麗，但其實，是非常需要

被在乎的，我們努力的表現自己，說到底，就是期望被別人看見。可是，如果把這種特質發揮在婚姻之間，無疑是給自己找麻煩，因為妳的另一半，很可能並不希望生活這麼高低起伏，大多數的男人心思其實都比女人簡單，他們工作了一天回到家，只想要休息、只想要放空，或者喝著啤酒看球賽、或者攤在電腦前打電動。

當然，人都要休息，可是這樣的日子對許多女人來說，我們總是希望生活中有點驚喜、有點起伏，這種一成不變的日子簡直既沉悶又無聊，可是那真的就是多數男人需要的！就像我另一個朋友 Tess 的老公，就曾經說：「我要是想要刺激、想要高潮迭起，幹嘛要結婚？結婚就是因為我想過穩定的日子！」

當然，Tess 也是一個具備女明星特質的人，所以她老公才會由衷地發出這樣的感嘆。我還記得 Tess 剛結婚的時候，經常跟先生吵架，那時他們剛買了房子，Tess 自告奮勇地想設計這個愛的小窩。她到處看家具、到處比價，從連鎖的家具店一直找到訂作原木餐桌的工廠，甚至連地板要鋪什麼磁磚，都自己做了一張詳細的比較表，可是每當她想找先生討論時，她先生就會不耐煩的說「我都沒意見，妳決定就

好」，只要她一抱怨，先生就說「當初我就說找設計師就好，誰叫妳要自己做」。

Tess 委屈得要命，有次甚至覺得先生工作回家後就是只想做自己的事，明明是兩個人要一起住的房子，可是先生都漠不關心也不想參與，這樣各行其事的婚姻跟她想要的生活相差太遠，居然包袱款款離家出走回娘家。

但 Tess 的媽媽就很像妳在韓劇中看到有點潑辣又很認真持家的傳統媽媽，她根本不幫 Tess 開門，隔著鐵門對女兒說：「我告訴妳，日子不順利是正常的，天底下沒有那麼好的事，要是日子都一切順利，那就違反了宇宙平衡法則，那肯定就是妳要死了！」妳看，Tess 媽媽是不是超 drama，完全是韓劇裡那種刀子嘴豆腐心，萬事對兒女好，但偏偏要用戲劇性話語講道理的媽媽。Please，有這麼誇張嗎？

現在 Tess 結婚也已經快要五年了，上次見面，我們聊起她媽媽說的話，才發現長輩們說出來的話，雖然常常不中聽，可是卻充滿了智慧。很多時候，女人的不快樂，來自於我們的不甘平淡，我們總是要找許多事情來挑戰自己，可是既然是挑戰，就沒有萬事順利的可能，如果那麼簡單就辦到了，

怎麼能算是挑戰呢？最近她迷上了鐵人三項，在練習的過程中，又是摔車、又是曬傷的，不過很好笑的是，她先生超級鼓勵她去參加這樣的活動，甚至週末時還自告奮勇地帶孩子，就跟我先生很鼓勵我去工作一樣，因為他們有志一同的認為，千萬不要讓太太閒下來，否則太太要是把血液裡的 drama 特質發揮在他們身上，他們就又要頭痛了，哈！

我發現，一個女人要快樂，最重要的就是要了解自己，然後接受自己，才能為生命找到出口。因為生活是不可能盡如人意的，可是難不成日子不是我們想要的樣子，生活就不用過下去了嗎？就像當初 Tess 跑回娘家，她媽媽卻不幫她開門，我相信 Tess 的媽媽並不是不心疼女兒的，而是日子就算不如人意，我們總不能每次都選擇逃避或不去面對，而是要學著接受，然後找到方法平衡自己。

雖然我即將要邁入四開頭了，但我依舊是那個血液裡有點 drama 的 Melody，就像我經常笑稱自己是瘋瘋貴婦一樣，可是現在我已經知道，無論我內心裡有多少 crazy 的小劇場，但生活就是不可能像拍電影一樣，每天都高潮迭起。與其不斷抱怨，不如找到一個地方，可以讓我盡情的發揮，而職場就是我的劇場！如果我就是一個閒不下來的人，那麼在

工作上忙碌，總比在家裡坐不住來得好。

所以親愛的吳先生，你真的不用再擔心我一閒下來就開始找你麻煩了，因為我已經決定，既然人生就是要有所糾結才精彩，那麼我就把八成的糾結的力氣，都用在工作上吧！但是，也還有兩成，會時不時地在家裡 drama 一下，畢竟總是要留給你一些發揮的機會，你說是不是呢？

展現適合自己的
企圖心

前幾天，我在 Instagram 上，看到一個朋友貼了一張她在國外急診室吊點滴的照片。她是一個非常漂亮的女孩子，經營著一個外國代購的時裝網站，總是分享著精緻的穿搭心得，可是那張照片上的她看起來既蒼白又虛弱，我嚇了一大跳，趕忙傳訊息關心她，沒想到她卻說：「我沒事啦，這小事！要真的有事，哪還有時間貼照片？」

我愣了一下，心想這到底是什麼意思，難道她是裝病嗎？可是那些點滴和儀器都是真的呀！結果她跟我說，她是因為生

理期來、又在大太陽底下一直拜訪廠商而中暑暈倒了，可是助理把她送到醫院時，卻幫她拍下了照片，建議她上傳到 Instagram 的限時動態。

她本來也覺得奇怪，這種又蒼白又憔悴的照片，有什麼好貼的？可她那大學剛畢業的的助理卻告訴她，就是要貼這種照片，大家才知道妳有多努力、才有共鳴，她半信半疑地照做了，沒想到卻收穫了一大堆反饋！

「時代真的不同了啊！」她很感嘆地說：「現在的小女生，真的很用力！」

我也覺得好感嘆啊！真的，時代真的變了，還記得我們小時候，女生受到的教育都是要含蓄、要優雅，所以我們都很努力地裝出一副什麼都不在乎的樣子。考第一名的同學，一定要說自己都沒讀書，在補習班唸書唸到很晚的同學，也一定要說是被爸媽逼去補習的，總之，那個年代的女生，絕對不能流露出一絲企圖心，否則就會被討厭。

可是，或許是我比較叛逆吧？從小我就很討厭這一套，真實的表現自己有什麼不對？在乎成績、或者在乎工作表現，都

是很理所當然的事，只要不害人，我們對自己的生活或事業有企圖心，又有什麼不對呢？

就像我有個朋友 F，她大概是我這幾年看到的，最有企圖心、也最用力經營的人了。在 F 很小的時候，她就下定決心，想要當一個女明星，很多人誤以為女明星是輕鬆的工作，只要長得漂亮就可以了，可是這年頭長得漂亮的女生那麼多，哪有那麼容易？

一開始，F 到處去試鏡，只要聽說哪裡有機會，無論如何都會去參加，可是每次對方都叫她回家等消息，然後就再也沒有下文。很多人勸她放棄，尤其是她爸媽反對的不得了，甚至去幫她算命，說她命裡沒有走紅的機會，可她卻想，不試試怎麼知道？剛好那時候，直播平台開始流行，於是她也成了直播主，一個漂漂亮亮的女生，為了有表現機會，扮醜已經不稀奇，甚至為了讓大家覺得精彩，她還挑戰過扮髒、扮噁，甚至連徒手抓蟑螂這樣的事都做過，終於成了網紅，得到了在某一部電視劇裡出演一個小小配角的機會。

其實，那時候留言傳得很難聽。好多人攻擊 F 為了紅不擇手段，覺得她不過是譁眾取寵，根本沒有才華，有什麼資格

去演戲，甚至有人說她一定有後台，可是我卻知道，F是靠自己努力。

為什麼那麼多人酸她，道理很簡單，因為她的企圖心是這麼明顯，有企圖心的人，就是會把事情做好的人，當她是網紅的時候，為了點閱率，可以扮醜扮噁扮髒，同樣的道理，當她是個演員的時候，為了把戲演好，她也會如此拚命！如果我是導演，為了戲好，這樣努力的人不用，那要用誰呢？

有時我在想，或許是因為我們處在新舊時代的交接吧，雖然我們漸漸開始鼓勵女生要勇敢表達，可是對於太積極的女孩子，社會上總還是抱著一種懷疑的態度，覺得女生太積極，是不是就會開始不擇手段？可是，我相信日久見人心，就像F，一開始背後飽受是非攻擊，可是慢慢的，每個人都認同了她的努力，終於，她在年中接到了演出電影的機會，我真的很替她感到高興，因為這是她努力被看見的證明。

或許社會大眾還忘不了她剛出道青澀的樣子，但在演藝圈裡，每個人都知道F有多拚命，因為她很努力學、很努力想演好角色。為了專心當個演員，她甚至跑去凍卵，我覺得很驚訝，因為她也才剛滿三十沒多久，也沒這個必要，可她

卻跟我說，早就已經設想好了，要給自己十年拚事業的機會，所以她不想戀愛也暫時不想生小孩，但這並不代表自己要放棄當母親；所以，她決定十年後拚到一個程度，再來思索生小孩的問題。

我懂 F 對未來規畫的努力，想當初，我也是渴望事事都隨著「良好的計畫」進行，只要縝密的規畫，就都不會有問題。可我現在已經明白，很多事情人算不如天算，生命中會出現意外的機會太多了。計畫永遠趕不上變化，很多時候這些變化，其實會帶給妳更多的喜悅。就像當年隻身來台灣發展的我，完全沒想到，最後我會被冠上「時尚媽咪」的代號，每天專注在陪著兩個孩子成長；也沒想過會因此寫下來育兒心情，對婚姻和生活的看法，出了好幾本書，成為一位作家。

我很想跟 F 說，人要多保留一點空間、讓自己變化的機會，因為上天安排的，有時候或許給我們更多更有意思的禮物，不要稍微不合心意，認為要努力到自己所安排的，努力到沒有私人生活，努力到不想接受夢想之外的任何可能，才是對的。

但我也明白現在的她，是聽不進我這個建議的，因為目前的她，就跟時下很多年輕女生一樣，渴望用一百二十分的努力，換到一百分的注意。

她希望只要她努力演好每一個角色，就會有下一個演出機會，可是何時能大紅大紫，除了努力也要運氣，她不知道那個時刻何時會來，而在那之前，她只能不斷地拚命，沒有時間花在戀愛生子上，倒不如即早打算。而我深深相信，她總有一天會成功的，因為我沒見過比她更努力的人了！

不過，現在的我卻覺得，除了努力之外，有時候，我們女人更需要的是喊停的勇氣。

我有另一個朋友 Gina，她也和 F 一樣，是個非常拚的人。她原本是一位室內設計師，因為參加了一些展覽，有了一些知名度，在業界甚至有一個「時尚家居達人」的稱號，於是有人開始跟她提議，她可以開設時尚咖啡廳、開時尚民宿，她想一想也覺得這些提議不錯，於是就做了。可是隨之而來的，卻是她累到一點時間都沒有，因為她是一個信奉「天下無難事，只怕有心人」的人，不管是開咖啡廳或開民宿，其實都跟她原本擅長的東西很不同，可她是那種既然要做、就

要做到最好的人，不僅去學煮咖啡做甜點，甚至有一天還突然打電話給我，說有個電視節目要做旅遊的專題，找她去參加，可她從沒有參加過節目錄影，很怕自己在鏡頭前面表現不好。

我們約了吃飯，見了面我才發現，她這幾年累到身體都不好了，不僅自律神經出了毛病，晚上也要靠安眠藥才睡得著。她以前是一點都不喜歡上鏡頭的，連出去玩時都很少拍照，可是現在居然要去上節目！我忍不住問她幹嘛這麼拚，畢竟她原本的工作就很好，可她也說不出個所以然來，只說她做得很累、很不快樂。

其實，努力不是不好，可是有時候，我們必須要知道，自己那麼努力是為了什麼。有些人努力，是為了完成夢想，像是F，她從小就愛表演，念書時就參加了話劇社，像這種為了追逐夢想的努力，雖然也會累，可是只要稍微接近夢想一小步，那種開心和雀躍，就是最好的回饋；可是另外有些人，其實只是閒不下來，就像 Gina 這樣，她現在的狀況也很好、不太有經濟壓力，就算咖啡廳跟民宿營收對她來說並非生活必需，可若是咖啡廳和民宿生意不好，她卻會很失落，不是因為虧錢，而是因為沒做出成績，會讓她覺得自己不夠

好、覺得自己很失敗。

做人要努力，可是，我們也要有勇氣設停損點。別誤會，不是說要拒絕挑戰，而是到了一個年紀，我們必須要更了解自己，如果這個挑戰對妳很重要，那麼不管幾歲，我們都要去拚，可是如果這個挑戰對妳而言，有沒有挑戰成功，都不影響你的生活，那何必那麼累呢？

又或者是，挑戰的時候，也給自己一點擁抱變化的空間，不要把自己逼得太緊，稍微與自己想像的不同，就有著太大的得失心。就像我前面說的，有時候變化是比起計畫來得更美好，我們要給自己一些接納變化的空間，不要不如預期就感受沮喪灰心。不要因為自己有不會的事情，怕被人看輕，就硬要強求，什麼都卯起來拚。

就像有天晚上，吳先生臨時起意，要我幫他一起看報表，我想也不想就拒絕了，因為我知道我不喜歡跟數字打交道！當然我相信，如果我要做，一定可以做到，因為我知道自己的個性，就是那種要做就要全力以赴的人，而全力以赴是很累的！努力需要勇氣，可也許女人到了某一個年紀，更需要的是「不努力的勇氣」，接受自己就是對某些事情不擅長、接

受自己也有弱點。我們已經不是青少年，不必什麼事情都去
挑戰，與其是拚命的要證明自己「什麼都做得到」，倒不如
學著勇敢接受自己就是有不擅長的事，因為，我們有能力做
到最好，但幸福，往往不需要「最好」，而只要「剛剛好」
就夠了。

展現適合自己的企圖心

Chapter 3

放輕鬆，
我們不一定要當 Wonder Woman

我們一直鼓勵女人要努力，現代的女人也都很能幹，
可有時候我卻覺得，當努力成為女人的一種習慣，
我們面對做不到的事情時，
總是沒有勇氣承認或許「我就是做不到」，
只想著「再加把勁」，忘了什麼時候該喊停。

別忙著「為你好」，而忘了自己

前幾天，我在書上看到一個很有意思的觀點，叫「築巢意識」。意思是說，女人在懷孕後期時，明明挺著個大肚子行動不方便，甚至腳水腫到連鞋子都穿不下，可即使這麼不舒服，還是會忍不住想整理家裡，可能上個廁所注意到水槽的汙垢，最後就不知不覺蹲在地上刷起浴室來，可能半夜肚子餓打開冰箱，最後莫名其妙整理冰箱到清晨⋯⋯就像鳥媽媽辛辛苦苦啣泥築巢一樣，那是女人的原始本能，因為寶寶即將到來，所以整個生理時鐘都在提醒女人，要打造一個安全舒適的環境。

看到這個理論的時候，我突然覺得好感慨啊！女人的天性真的非常強大，別說懷孕時有築巢意識，就算是孩子已經大了，女人還不是有著照顧全家的天性，不管再忙碌，只要一閒下來，腦袋裡轉來轉去的念頭，就是先生孩子愛吃什麼、穿得夠不夠暖、睡得好不好？

當然，那並不是不好的，畢竟結了婚，先生就是要和我們攜手走一輩子的伴侶，孩子更是我們肚子裡掉下來的一塊肉，希望他們快樂幸福，是天經地義的事，只是有時我總忍不住在想，女人在辛苦照顧全家大小時，是不是偏偏忘了照顧最重要的一個人，也就是自己？

就像前兩天，我才因為一箱水蜜桃，跟先生大吵了一架。每週一是我固定的買菜日，那天我在賣場裡看到又香又大的水蜜桃，想到先生愛吃水蜜桃，特地買了一箱回家，當天晚上，我先生看到那一箱水蜜桃，果然很高興，還不忘提醒我要把水蜜桃冰起來，免得軟掉。

我知道他喜歡硬一點的口感，可是那天我還買了很多的肉和蔬菜，冰箱已經塞得滿滿了，而且水蜜桃又很容易被壓壞，也不能隨便塞進冰箱，需要整理出一個空間來，才有辦法

放。因為隔天有工作不能晚睡，我想著既然天氣也不太熱，那我週二再來整理，可晚上起來上廁所時，看到牆角那廂水蜜桃，我想到先生挑嘴，稍微軟一點就不願意吃，還是特地翻了一下，把其中比較軟的兩顆冰進了冰箱裡。結果週二晚上，我先生下班回來，看見那廂水蜜桃還在牆角，拿了一顆起來吃，一邊吃一邊叨唸：「不是跟妳說要放進冰箱嗎？妳放在那裡好幾天了，都軟掉了！」

當下我心裡有點不開心，心想著你要是怕水蜜桃軟掉，自己拿去冰不就好了嗎？你在這裡唸我的這些時間，都夠你把冰箱整理好幾回了，可是我也不想為了水蜜桃與先生爭執，所以只是聽著他唸不說話，可是他卻不斷地唸個沒完，一直說我不聽他的，「從前天妳買回來的第一天我就跟妳說要放冰箱，不然會軟掉，妳就不聽我的，妳看，果然軟掉了吧，我早就跟妳說了，妳就是不聽……」

他不斷地碎碎念，我的理智線終於啪一聲斷掉，立刻跑進房間東翻西找，把發票翻出來，一邊遞給他一邊忍不住大喊：「你看清楚！明明是昨天才買回來的！我今天要工作，還來不及整理冰箱，你要是那麼在意，為什麼不自己拿去冰？我是你的太太，不是你的員工，什麼事都要聽你的規定！」

大概是因為我很少這麼快生氣，所以他也有點嚇到了，轉頭開始跟女兒裝可愛，跟女兒說：「妳們叫媽咪不要生氣了！其實爸比也不是在怪媽咪，只是水蜜桃軟了真的不好吃嘛！」其實我心裡知道，他只是拉不下臉來直接跟我道歉，所以才藉著跟女兒說話，想要安慰我，平常要是這種情況，我一定就算了，畢竟夫妻之間這種口角的小爭執經常在發生，要是每一次都得理不饒人，傷的還不是夫妻的感情？可是那一天，聽了他的話，我卻越想越委屈，那一天早上我有工作，怕狀態不好，前個晚上我早早上床睡了，連想看的書都沒時間看，可是半夜起來，想到他說水蜜桃軟了不好吃，硬是大半夜還在那裡整理了半天，想到他喜歡吃，我辛辛苦苦地提回來，卻還要被叨唸，可是誰又關心過我喜歡吃硬的還是軟的？因為我都吃他們吃剩的！

在那一刻，我突然驚覺，為什麼我要這樣逼自己呢？

身為太太和母親，我們總想著要照顧先生家人，先生隨口在餐桌上嫌一句「這種魚不好吃」，下次妳去市場買菜時，那句話自然而然地就在妳耳邊響起。我有個朋友，為了孩子和先生的健康，堅持每天自己煮晚餐，有天先生在看電視上的美食節目時，隨口提了一句「好久沒吃蝦子了」，隔天她下

班時突然想起這句話，還特地跑去買，正當她在廚房煮的滿頭大汗時，先生一通電話說晚上要和朋友出去不回家吃飯了，她氣得對先生大吼大叫，說自己辛辛苦苦買菜煮菜，活像個老媽子卻沒人感激，可她先生卻冷冷地回了她一句：「不高興妳就別煮啊！我又沒有叫妳煮！」氣得她差點想跟先生離婚。

可是說真的，她先生說的又有什麼錯呢？的確從來沒有人逼妳，而是女人總是很喜歡逼死自己。

一開始，女人的付出都是不求回報的，甚至我們根本沒有覺得自己是在付出，因為照顧先生照顧家庭，就像是一種本能，可是，當我們不斷地在為別人犧牲自己，就算不求回報，起碼也會希望對方看見妳的付出，當他們看不見或視為理所當然，妳開始怪他們不知感恩，可是，從頭到尾他們並沒有要求妳，都是妳自己主動自願的，不是嗎？

我的意思不是說女人要自私，只顧自己，不顧家人，而是有時候，我們必須要勇敢的承認自己有需求，也勇敢地提出自己的需求。有時候，女人就是有點少女心，妳還是希望先生記得妳喜歡什麼、記得妳愛吃什麼，他不記得了，妳也不肯

主動講或者提醒先生，而希望先生自己觀察和發現，因為妳還沉浸在少女的時光裡，想著當年追求妳的人有多少、想著當年妳先生在追求妳時是多麼小心翼翼地討好妳，現在為什麼想要這麼一點點關心，還得要主動去要求？

可是，人生面臨另個階段的女人最需要的，就是承認「今非昔比」的勇氣。

我們經常說，女人要有面臨改變的勇氣，可是所謂的改變，並不只是接受自己臉上突然長了幾條皺紋，而是徹徹底底的認知到，現在就是跟以前的我們不一樣了。而婚姻也是一樣的，你們在一起已經好多年了，男人不可能還像當年談戀愛一樣，對妳噓寒問暖、甜言蜜語，當然我們女人有時候就是想要那種被呵護的感覺，可事實是，妳也不可能因為先生不記得妳愛吃什麼就跟他離婚吧？難道他永遠想不起來妳愛吃什麼，妳就寧可不自己買，然後再委屈地覺得沒人在乎妳？

吳先生體諒我，有時會提議全家一起出去吃飯，免得我還要煮，煮完還要收拾。剛開始，我看著先生和兩個女兒點完他們愛吃的菜，也會覺得菜應該夠多了，怕再點就吃不完，而放棄點自己喜歡的，在那個當下，我也只是很直覺的怕浪

費，可當事後吳先生提起「昨天我專程帶妳去哪裡哪裡吃飯」，而我心裡居然出現「你哪有專程帶我去？還不是都點你想吃的菜色」的 murmur 時，我才驚覺這樣不對，也許他是不像談戀愛時那樣，一進餐廳就殷勤地問我想吃什麼了，可是他也沒說不准我點菜呀！而後來再去餐廳吃飯，當我主動點了我想吃的菜時，如果真的多了，反而他會去刪去一兩道他點的，那時我才發現，很多事情，當女人搶著做，男人就理所當然不必做了，而妳再來抱怨他什麼都不做，只是讓兩個人都覺得委屈而已。

有句話說得真好，「歡喜做，甘願受」，如果妳真的想要「為大家好」，那麼，希望是發自內心的，不在乎地想要這麼做。

當然，我知道這樣很難，也許是女人的天性，或者是天生就有著「回報要有收穫的期許」，當我們心裡漾起了「為你好」的念頭時，多多少少都需要有回饋。

只是，有時我們是不是太耽溺在「付出」這個角色設定了呢？覺得要靠著「付出」被注意，而忘記了自己有時候，也是會想要有一些簡單的需求。我們並不是女超人，也會累、

也會倦，也會想要放肆地來點薯條、洋芋片，或者一桌子的人在點菜時，會想吃些什麼。這時，不要因為自己是個母親、妻子，而藏住了單身時期的妳的慾望，再怎麼想要照顧好一家人，也該留點力氣給自己，而不是永遠只顧著別人。

女人的公主夢

每一對夫妻都會吵架，即使感情再好也是會有爭執，我跟吳先生當然也不例外，至於吵些什麼呢？

老實說，經常過個兩天就完全想不起來了，因為不外乎也就是生活中柴米油鹽醬醋茶那些瑣事，比起我這個有點 drama 的個性，吳先生相對是比較沉默寡言的，尤其是剛結婚時，我還有著滿滿的少女心，每次一開始都希望能夠好好溝通我們的問題，但每次都熱臉貼冷屁股，講什麼什麼不是回個「嗯」，不然就是不回應。

每次到最後，都讓從原本的想好好溝通，變成鑽牛角尖越來越嚴重，從和顏悅色討論演變成傳一整頁的訊息抱怨他、唸他……從滿心期待可以度過難關，到胡思亂想猜測對方到底在想什麼。好險當年沒有可以看到已讀不回的功能，不然真不知道自己會 get crazy 到哪去。

雖然理智上我也知道那就是他的個性，畢竟吵架沒好話，要是我一句去、他又一句來，反而會吵得更厲害；但情緒上，卻覺得他怎麼不在乎我的感受，我氣成這個樣子，他怎麼能一點反應都沒有，還很冷靜地繼續做自己的事，也不打開手機看一看，難道他完全都不在乎我在想什麼嗎？

可是有一次，吳先生說的話，卻完全震撼了我，那次在吵些什麼，我現在也完全沒有印象了，唯一記得的，是那時候因為那陣子在打排卵針，賀爾蒙讓我情緒起伏很大，常常一點風吹草動就很焦慮、緊張。而他明明不是在工作時間還不回我簡訊，拒絕溝通，過了好久之後，忍不住問他說：「你到底有沒有在聽我說話？」

這句話，仍舊沒有即刻回應，讓我忐忑不安地等了三小時之後才回：「Mel，我是妳先生，不是妳爸爸，我也有脾氣，

不可能這樣一直讓妳。」

當時我嚇了一跳，也被他罕有的重話震撼到恢復理智。畢竟他是個只求解決問題，不求心靈交流的實事求是主義者，他會沉默、打哈哈，會閉嘴、放空、微笑，卻從來未曾講過這樣的話。可也讓我有點不解，我知道他覺得我有點 over，但這是什麼回應呀？我當然知道他是我先生、不是我爸爸呀！

直到生了女兒，我才理解這句話是什麼意思。因為吳先生寵女兒，簡直到了一種無微不至的地步！只要女兒稍微扁扁嘴、或露出委屈的表情，吳先生就直接舉白旗投降，像是明知道女兒九點該上床睡覺，可是只要女兒們撒嬌地說：「我今天可以不要那麼早睡嗎，please ～」吳先生就毫無辦法只能點頭說好，即使他也知道早點睡覺對女兒的成長是好的，可是，他就是無法抵抗女兒失落的表情，以至於在家裡，都是我在扮黑臉。

當然，父母之中一定要有一個人扮黑臉，我並不介意那個人是我，只是有時忍不住想，這種看到對方稍微失落或傷心，就忍不住想安慰對方、想讓對方開心起來的舉動，不就是女

人口中所謂的「戀愛的感覺」嗎？

有位朋友曾說過一個笑話，有次她生日，一直在等先生有所表示，可是從早上等到晚上，先生卻像是完全忘記這件事一樣，終於，她忍不住去跟先生說：「今天我生日耶，週末要一起吃個飯嗎？」她先生卻回答她說：「我不是每天都有回家吃晚飯嗎？」

她正想解釋每晚全家一起吃飯跟生日出去外頭吃飯不一樣時，先生卻已經不耐煩地低下頭說：「妳想要什麼，自己去買。刷我的卡，就當作是我送妳的生日禮物；總可以了吧？」

她說，當下既生氣又難過，因為先生完全不想跟她說話，表面上說是要送她禮物，實際上只是想花錢讓她閉嘴。

於是隔天她跑到百貨公司，心想一定要刷一筆大條的讓她先生心痛，可是逛來逛去，卻只是越逛越生氣，然後，她莫名其妙經過一間甜點店，外頭貼著新甜點的宣傳單，上頭的slogan 是「寵愛女人下午茶」，她莫名其妙地被吸引，跑進去買了一盒蛋糕。買完之後，她突然覺得心情好了一點，恢

復了理智，才想起自己一向都不愛吃甜食，而那盒蛋糕，其實也就是很普通的巧克力蛋糕，根本沒什麼特別的，只是宣傳單上頭那個「寵愛」兩個字，就好像點到她的死穴，讓她突然失心瘋地想要買下那塊蛋糕而已。

是的，女人所謂的「戀愛的感覺」，其實就是被寵愛。寵和愛是有點不一樣的，愛是一種照顧，就像我曾在上一本書裡寫過，剛結婚那幾年，我只要一參加朋友的婚禮，看著新郎新娘相視時眼裡幸福的閃光，就會忍不住覺得很 sad，有次居然還哭著跟吳先生說：「我覺得我們之間沒有愛的感覺了。」

可一向實際的吳先生卻只覺得無奈，因爲在他的想法裡，他努力工作，給我和孩子更好的生活環境和品質，不就是貨眞價實的愛嗎？當時我也說不明白自己的感受，可是現在卻慢慢懂了，maybe 愛是一種照顧，像是吳先生努力工作、照顧家裡；像是我照顧女兒，會要求她們早點上床睡覺、注重她們的飲食、運動和學習。但寵卻是一種呵護，像是把對方捧在手掌心上，太輕怕掉了、太重又怕弄傷對方的小心翼翼，就像吳先生在乎兩個女兒的心情，捨不得她們難過、見不得她們失望一樣，那是一種把對方的感受放在最重要的位置上

的心情。

可是，戀愛時或許男人還做得到，畢竟約會時期送花或說些甜言蜜語，幾乎是約定成俗的公式，但結婚後，男人卻不可能永遠把妳捧在手心裡，畢竟撐起一個家是很辛苦的。西式婚禮中，當新娘的父親把新娘的手交到新郎手上時，總會對女婿說「我把女兒的一生託付給你了」，在那個當下，觀禮的我們都感動得不得了，可事後想想，這句話其實好可怕呀！我們明明是一個獨立的個體，爲什麼會想把自己的人生託付給其他人？而另一半也跟我們一樣，就是一個平凡人，要他們承擔另一個人的人生，對他們而言，壓力有多大？

當然兩個人在一起，互相照顧是應該的，可是婚姻的路好長，我們會遇到很多艱險阻礙，希望被另一半保護是人之常情，但事實上，男人需要的，是一個能和他們並肩作戰的伴侶，而不是永遠需要他呵護、要他耐著性子哄的小女孩，更何況，他們的心裡也住著一個小男孩，有時候，他甚至希望妳能夠哄他。

我承認，年輕的時候，也是個有一點任性的女生，當然不至於到公主病的地步，可是內心深處總會覺得男人應該要疼

我、應該要讓我，後來想想，到底這樣的觀念是從哪裡來的呢？現在的小孩或許還會有化妝舞會，會扮公主或者小仙女，但我小的時候，父母忙於工作，叮嚀我的都是「要認真讀書」、「不要在外頭亂交朋友」這一類的話，等到我開始戀愛時，媽媽也總是說「男人就要挑老實負責任的」，他們可從來沒有教過我說「男人就是應該要寵女人」呀，至於學校的老師，就更不會教這個了，到底我那些女人就是該像個公主的觀念，是從哪裡學來的呢？

想來想去，我發現，這種觀念之所以這麼深植女人心，是因為我們從小就是看著這樣的童話故事長大的，像是仙度瑞拉、白雪公主或者像是睡美人，從小我們就看著這些長大，在不自覺中，就把自己當成了公主，期待著總有一天，會有一個屬於我的王子來拯救我的人生。

當然，在現實世界裡，沒有邪惡的噴火龍會把我們關在城堡裡，也沒有邪惡的巫婆會逼我們吃毒蘋果，可是，童話故事在小女孩的心理造成的影響是潛移默化的。有些女孩子到了二十七、八歲，可能有一份薪水還算穩定、但卻很無趣的工作，眼看著這一輩子應該就會過著差不多的生活，總會突然興起一股很想結婚的衝動，覺得只要找到一個好男人，人生

從此就會不一樣；又或者像我剛結婚那幾年，其實我的日子也不是過得不好，只是突然從浪漫的戀愛進入到柴米油鹽的婚姻，總會期待著先生能夠製造一些生活的驚喜、期待他安慰我，告訴我生活不只是這樣。在內心裡，我們都覺得自己是被困在高塔的公主，那座高塔可能是柴米油鹽的現實、可能是一成不變的日子，明明我們有能力自己跨出來，可是卻期待著王子的拯救，卻忘了我們的先生也只是個平凡人，他不會耐煩一次又一次的拯救妳，畢竟我們都是一樣的人，沒有誰天生就該一輩子都讓著另一半。

前陣子我在新聞上看到 Keira Knightley 不讓女兒看迪士尼公主卡通的新聞，她說，與其讓女兒一直期待著被保護、被疼愛，更希望女兒能主動掌握自己的命運，別當個等著被拯救的公主，而要當能為自己負責的女王。我深深同意這個觀點，所以我也很少讓兩個女兒看這些卡通。當然我的意思不是說迪士尼不好，畢竟白雪公主或者仙度瑞拉這些故事，就只是流傳久遠的童話故事。

迪士尼雖然將她們拍成了經典，但還是強調了許多寶貴的價值，比如白雪公主即使被皇后虐待，但還是保持著善良，比如仙度瑞拉雖然過得很苦，但始終保持著樂觀。而隨著時代

改變，迪士尼也開始強調新的女性價值，像是《冰雪奇緣》裡的兩位公主，她們雖然也會遇到許多困難，但她們不再等著王子來拯救，相反的，她們自己就能挺身而出拯救一切。

Emma Watson 曾說過一句我覺得好棒的話，她說：「想要成為公主，不一定要嫁給王子」。每個女人心裡都有一個公主夢，所謂的公主，並不是說一定要戴上皇冠或穿上公主裙，而是我們心裡都渴望著被呵護，可是，與其等別人來呵護妳，不如學著好好呵護自己，因為女人要學會對自己好，而不是等著別人來對妳好，要學會表達自己的想法和需求，而不是拚命忍耐，覺得自己既善良又溫柔，怎麼拯救妳的王子一直還沒來。學會寵愛自己，是女人一輩子的功課。

有時妳想念的，只是年少輕狂的自己

從小在我心中，奶奶就是一個非常有本事的女人，不是說她很兇，而是她整個人都帶著一種「硬頸」的氣場，畢竟在她們那個動盪的年代，日子不僅苦、還有許多無奈和辛酸，都是叫天不應、叫地不靈，只能靠自己努力克服的，所以奶奶老早就成為了一個非常堅強的人，不管發生什麼事，她從來都不哭，甚至也不大會流露出失落或委屈的樣子。雖然我相信，在漫長的歲月裡，她一定有太多的委屈和辛酸，但她早就習慣用堅強的樣子面對這個世界了。仔細地回想了一下，在這三十幾年間，好像從沒看過奶奶示弱，唯一能讓她瞬間

軟下來的，只有三個字，那就是「劉紹良」這個名字。

在奶奶的口中，爺爺彷彿是完美的化身，既堅強又勇敢、既老實善良又溫柔體貼，好像全世界的優點這個男人都具備了一樣，而這個彷彿完美化身的男人，還深深地愛著我奶奶！

小時候，每次聽奶奶提起爺爺，我都深深地為奶奶感到惋惜，畢竟她是如此幸運，在茫茫人海中，遇到了屬於她的 Mr. Right，要不是因為一場意外奪走了爺爺的生命，奶奶這一輩子過得該會有多幸福？

可是隨著年紀漸長，我也結了婚、生了孩子，隨著自身體驗跟周遭朋友的故事，懂得愛情其實是有很多層次跟階段性變化。少女時期的戀愛，跟結婚十多年後的愛情不太一樣，心中的悸動、澎湃和如今的酸甜滋味，又不太相同。

這次奶奶回台灣，再聽到她提起爺爺，看著她少女般的閃爍眼神，我懂了。會不會是因為爺爺英年早逝，所以才在奶奶心中留下了最美好的樣子，如果那場意外沒有發生，爺爺還活著，正如奶奶一直以來希望地，做了一輩子夫妻，那奶奶還會像現在這樣的方式愛他嗎？

雖然我沒見過我爺爺，但是我相信爺爺就如奶奶說得這麼的好。只是熱戀時，我們總是把最好的一面呈現在對方眼前，即使是生氣吵架，也會很努力控制，傷人的話不能說、過分的話不能說，除了是怕傷害到對方、傷害到這份感情，某一種程度也是我們對自己的要求，畢竟哪個戀愛中的少女腦子裡會有空間容下粉紅泡泡之外的現實生活？

可是結婚後，回歸到生活層面，柴米油鹽醬醋茶，將我們打回真實世界，我們不可能永遠保持最佳狀態，總會有情緒失控的時候，頭一次妳對另一半脫口而出，說出傷人的話時，還會自己狠狠嚇了一跳，心想「我怎麼可以說這種話？」

可是一回生、二回熟，很快地妳說出那些話時就完全不思考了，甚至越說越狠，或許日子過久了，對另一半說出「我討厭你……」時好自然，可要說出「我愛你……」卻再也說不出口。或許不是因為不愛了，而是生活中的那些瑣事，堆積著我們再也沒有心情甜言蜜語，漸漸地忽略要說出口。

還記得我剛結婚時，很努力想要生孩子，可是我的朋友Judy卻語重心長地跟我說：「女人一結婚，就從珍珠變成

彈珠，生了孩子更會從彈珠變成魚眼，所以 Mel，妳真的不要急，好好把握這幾年的時光吧！」那時還沉浸在新婚中的甜蜜的我，完全不懂這句話，只覺得婚姻本來就是需要經營，我才不會放任自己的婚姻變成 Judy 說的那樣呢，可是 Judy 卻嘆了一口氣，問我：「妳知道蠶寶寶嗎？」

當時我覺得莫名其妙，明明我們是在討論婚姻，關蠶寶寶什麼事啊？可是 Judy 卻跟我說了一個發生在她身上的故事。早婚的她，女兒已經上了小學，孩子的自然課需要養蠶寶寶，別看蠶寶寶動作好像很慢，可是整天都在吃桑葉的牠們，進食速度是很快的！有天早上，Judy 發現桑葉已經只剩下幾片了，當晚要加班的她，千叮嚀萬交代先生一定要記得去買，可是等到晚上她到家，卻發現已經快十一點了，女兒居然還沒睡覺，而且一直在哭，而先生則在裝蠶寶寶的紙盒前不知道在做什麼，她走過去一看，才發現紙盒裡亂七八糟放著好多不同的樹葉，甚至還有花，而她先生居然還抱怨蠶寶寶挑食，對著蠶寶寶碎碎念說：「給你們換口味你們還不捧場，怎麼這麼難搞！」

老實說，聽到這裡我忍不住笑了出來，可是 Judy 卻火冒三丈的說：「要不是殺人是犯法的，當下我真想殺了他！」

先別提蠶寶寶若是真的餓死了，孩子會在課堂上被老師責備，更重要的是，對一個小女孩來說，若因為自己的疏忽而導致了生命的逝去，這是多大的陰影！Judy 沒有辦法，就打給她姊姊，正好姊姊的女兒學校最近也在養蠶寶寶，於是她就半夜開去姊姊位於陽明山上的家拿桑葉，再匆匆忙忙地趕回家。可回家路上塞在夜晚的陽明山，看著一對對情侶騎著摩托車抱在一起，女生賴在男生身上，笑容甜甜、如膠似漆的模樣時，她哭了。

因為她想起上一次這麼晚到陽明山上，還是念大學的時，那時她跟先生還在熱戀中，一起去看夜景。先生怕晚上太黑她看不清路而跌倒，一路緊緊牽著她的手，又怕晚風太冷，把外套脫給她穿，一切都以她為重。可是幾年過去，現在她一個人上山，先生卻不再關心她會不會冷、會不會危險，只會傳簡訊給她，叫她順便去士林夜市買消夜回家！

我還記得當時我很錯愕地對她說：「啊？這也太離譜了吧！」可是 Judy 卻嘆了口氣，說兩個人總有一個得在家裡陪孩子，她也不是怪她先生不陪她一起，只是在那瞬間，她突然覺得自己好平凡、好渺小，她從來沒想過，有一天自己會變成一個半夜跑去陽明山上跟人討桑葉餵蠶寶寶的女人！

Judy 說，「我還以爲自己破蛹而出後會成爲一隻美麗的蝴蝶，優雅的翩翩飛舞，結果只是一隻醜醜的蛾！」

年輕的時候，我們都有過幻想，總相信只要努力，就可以過著幸福快樂的日子，可是生活卻沒有那麼容易。當然婚姻中還是有許多快樂的事，那時的 Judy 只是正處在生命的低潮期，所以才這麼悲觀。現在的我也已經結婚滿久了，也漸漸能體會那種心情。有一陣子，我經常對我先生說：「爲什麼你很久都沒有對我說一些好聽的話了？」可吳先生卻反問我「妳還不是一樣很久沒對我說好聽的話了。」被他這麼一提醒，我突然很想仔細記著我們每天到底說了些什麼，才發現我們每天雖然說很多話，但都是生活中柴米油鹽的瑣事！

一下子是家裡的什麼東西壞了，要找人來修，一下子是女兒的才藝課需要買什麼東西，一下子是親戚要回台灣，要訂餐廳、訂飯店……我們都只是平凡人，在瑣碎的生活裡過日子，雖然一直以來，我也沒有不切實際到覺得自己要當一輩子的公主，但我也從來沒想過，有一天我會成爲一個跟先生說話時都在討論這些瑣事，像是哪裡的魚比較新鮮的女人！當然平凡也是一種幸福，而過日子本來就是這些吃喝拉撒的事不斷重複循環，只是有時候，我也會懷念當少女的自己。

奶奶去幫爺爺掃墓時，又落下了眼淚，那天下著雨，而墓園其實在郊區，又有長長的樓梯，可奶奶卻堅持要一步一步自己爬上去，既不要別人扶，連放在墓前的花，都很堅持要自己挑選而且自己付錢。當天晚上，一向神采奕奕的奶奶，看起來有點憂鬱，她對我說：「寶寶，我們來聊天好不好？」

我當然說好，畢竟奶奶多數時間住在美國，我們能相處的時間其實不多，可是奶奶從晚上八點說到十一點，來來去去，說的就是爺爺的事，說那幾年她過得多麼開心，雖然窮但是幸福，雖然苦但是快樂。她告訴我她和爺爺去看戲，穿了哪一件裙子，告訴我她和爺爺一起吃飯時，爺爺對她說了什麼，那些甜蜜的片段，對她而言都是最珍貴的記憶。

說到爺爺過世時，奶奶又哭了起來，我終於忍不住對奶奶說：「我知道爺爺對妳很好，可是妳想念他想念了七十年，但你們真正在一起的日子，不過就短短兩三年而已！他是妳的初戀，而初戀總是美好的，如果他沒有意外過世，你們一起養家、一起帶大孩子，說不定妳現在就不會這麼感慨了。妳真正懷念的，其實並不是爺爺，而是當年那個年輕的自己啊！」

奶奶想了想，點點頭說，「妳講的也對。」而我也想到了自己。

每一個女人在初戀時都是最美的，因為那時候的我們很單純、很天真，而且傻氣十足。小女孩的勇敢是很浪漫的，像是奶奶愛上了一個人，就隨他天涯海角哪裡都去一樣；而成年人的勇敢，卻往往現實而無聊，就像我們成為媽媽，除了養育孩子還要教育孩子，必須擔負至少十幾年的責任。這難道不是一種勇敢嗎？可是，這種勇敢卻不像為愛走天涯那麼浪漫，而是由無數生活的瑣碎堆積而成。

前些日子，電視在重播《鐵達尼號》，年老的 Rose 回憶著當年的 Jack，哭著把海洋之心丟進了海裡。有時我在想，如果鐵達尼號沒有撞上冰山，Rose 和 Jack 成功私奔了，他們會幸福嗎？初遇時 Jack 那些自由奔放的灑脫，若移到了婚姻裡，會不會成為不負責任、不夠穩定？而 Rose 那些高貴又矜持的模樣，若移到了婚姻裡，會不會變成一種挑剔？

童話故事裡，王子和公主幸福的在一起後，故事就結束了，可在真實人生裡，「在一起」只不過是第一章，接下來我們

還有好幾十年要過。懷念年輕的自己是很正常的事，畢竟誰不想留住最美好的時候呢？

偶爾想當年，是一種人之常情，但若一直活在當年，一直拿過去和現在比較，那真的只是讓自己白白辛苦而已。因為無論妳再怎麼想念年輕的自己，事實上，妳也回不到過去了，就像我雖然常常叨唸著想聽一些好聽話，可是我心裡也知道，自己不再是那個聽到一句甜言蜜語就心花朵朵開的少女，即使吳先生願意講，我也回不到過去。與其一直抱著遺憾，不如學著接受變成大人的自己吧！

133   有時妳想念的，只是年少輕狂的自己

身為母親，
我們都如履薄冰

身為一個女人，同時兼顧著太太、媽媽、媳婦、女兒……等各式各樣的身分，我經常覺得，現代人的壓力實在是太大了！表面上，我們過得比以前更好，有許多娛樂，有日新月異的科技，只要花兩個小時，就能從台北飛到東京。可即使我們的生活變得這麼豐富和多樣化，但隨之而來的，卻是更多的壓力和束縛，就像我一個朋友R，最近簡直陷入了一片愁雲慘霧裡，每次打電話給我，幾乎都說不到三句話就哽咽，因為她的女兒得了憂鬱症。

R的女兒，是一個非常漂亮靈巧的小女孩，因爲R和丈夫多年求子，千辛萬苦才得到這麼一個孩子，更是從小捧在掌心裡。在她女兒很小的時候，就展現出了很強的音樂天分，不知道大家還記不記得大約十年前，美國曾經有個非常會唱歌的小女孩叫Connie，而R的小女兒的歌聲，在我聽來，一點也不比Connie差！所以，R從小就讓女兒學習音樂和樂器，不管是鋼琴、小提琴、長笛等等，每一樣都讓女兒嘗試，她的女兒特別喜歡小提琴，拉得也很棒，還被許多小提琴名師誇獎，是未來之星！

可是，當她女兒去歐洲念音樂學校之後，因爲不適應國外的生活，卻變得很不快樂。R當然不想放棄，畢竟一路以來，我們所受到的教育，不都是教我們遇到困難不能逃避嗎？R不斷鼓勵女兒「過一陣子就習慣了」、「熬過這幾年就好了」，生氣時也會罵女兒不聽話、不懂得體諒父母的辛苦。原以爲撐過些年就好了，可沒想到，女兒先是爆瘦、頭頂莫名也出現了禿塊，甚至整天恍恍惚惚的，看了醫生才知道，居然是因爲壓力太大，而導致的嚴重憂鬱症！

R簡直崩潰了，她大哭著說：「難道我的壓力就不大嗎？我做的這一切還不都是爲她好？難道我是一個壞媽媽嗎？」

其實，在某一個方面來說，我非常能體諒 R 的心情。女人只要一成為媽媽，天性就會讓我們整天圍著孩子打轉，孩子小時候，全心全意照顧他們，半夜起來餵奶，每天都睡眠不足，雖然勞累，但起碼相對上還是簡單的事。可是孩子漸漸大了，他們也有了自己的想法、自己的主見，很多時候，當媽媽的都會迷惘，當孩子有了想放棄的念頭，我們是該鼓勵他、push 他努力跨過難關，還是抱抱他、安慰他，告訴他「做不到也沒關係」？鼓勵他，怕他壓力太大，放縱他，又怕他學不會責任感和勇敢，每次遇到困難，身為母親，我們都如履薄冰，就怕做錯了一個決定，影響孩子的一生。

可是，我們都是人，我們也會有判斷失誤的時候。

其實，發現自己選錯了，那就承認錯誤，好好補救就好，可是我卻發現，「認錯」是非常需要勇氣的一件事，因為我們都不是故意的！就像我的女兒小時候，為了她們的身體著想，我堅持不讓她們吃外面的加工食品，把自己搞得很忙很累，有時親戚或朋友偷渡了一點點糖果零食給女兒們，我雖然知道別人也沒有惡意，可是還是會偷偷生悶氣。女兒們還小時，這個原則很容易執行，可是等到她們大了，在外頭用餐的機會多了，看她們在外頭吃飯時恨不得多吃好幾碗、又

或者在國外旅遊時，逮著機會就吵著要喝飲料、吃冰淇淋的樣子，坦白說，一開始我也會覺得有點不高興，因為我做的一切都是為了她們好啊！每天煮飯難道不累嗎？要不是為了她們的身體健康著想，我何必那樣做？

可是，之前我聽了一場演講，那位講師說的話，卻徹底改變了我的觀念，她說：「相信並重視孩子的感受，就是父母給孩子最好的禮物。」

為人父母的，對待孩子，除了養，還要教。很多事情孩子不懂，確實要靠大人去管理，可是，當我們一昧地覺得孩子就是「不懂事」時，卻很容易忽略孩子的心情。在那個演講上，那位講師舉了一個令我印象深刻的例子，她說，有位媽媽答應下班時要給孩子買個洋娃娃回家，可是當天她臨時加班，一忙就完全忘了，回到家，孩子因為期待了整天卻落空，不停地哭鬧，媽媽又忙又累，一怒之下居然大聲罵起孩子，要孩子：「不准哭！閉嘴！去睡覺！」她問我們，這位媽媽哪裡做得不夠好？有人說「答應孩子的事不可以食言」，有人說「工作再忙也不可以把脾氣發在孩子身上」，老師笑了笑說各位媽媽都說得很好，但他請我們試著想像自己只是個五歲的小女孩，試圖去理解，一個洋娃娃對五歲的

小女孩來說，是多麼的重要？

在那個瞬間，我突然懂了小孩子哭鬧時的心情，他們就是孩子，不像大人有很多經歷、很多煩惱，他們的世界非常單純，那個在大人眼裡看起來沒什麼了不起的娃娃，在孩子的心裡，卻可能比一個數十萬的限量皮包還稀罕，而要是妳突然失去了一個這麼漂亮高價的包，難道不會失望得不得了嗎？我們都是經歷過許多事，才從小孩變成大人，很多在大人眼裡都沒什麼大不了的挫折，對孩子來說，就是有那麼嚴重！就像 R，她經歷過努力半天、又做試管又打排卵針，吃盡苦頭才生下孩子的經歷，她也經歷過丈夫生意失敗，咬緊牙關維持家計的挫折，對 R 而言，這麼困難辛苦的事她都能熬過，當然覺得不過就是不適應異鄉生活，有什麼大不了的？可是對她女兒來說，一個十來歲的小女生，我們怎麼能要求她像大人一樣堅強呢？

我不是說她望女成鳳是錯的，就像我希望女兒身體健康也沒有錯，但有時，我們要懂得檢討和反省，是不是方法錯了、是不是太「想當然爾」了！我們都希望孩子能夠把媽媽當成最好的朋友，有什麼心情都能和媽媽分享，但如果媽媽老是以一種大人的姿態在說教，老覺得孩子的想法幼稚，動不動

就說「等你以後長大就會知道」，如果我們無法同理孩子的心情，孩子又怎麼會想跟我們分享心裡的想法。

所以，我之前才下定決心去學了做菜。現在想想，很多東西，我也是到了長大後才懂得欣賞那個味道，像是苦瓜、像是油醋醬，當孩子的時候，我也不喜歡啊！我希望她們吃得健康，少些調味料、少些油炸，那麼，可不可以在菜式跟擺盤上下功夫，讓她們更想吃呢？她們大了，總會想吃吃外面餐廳那些家裡做不出來的食物，與其一直拒絕，讓她們逮到機會就要求，為何不由我來挑選健康的餐廳呢？

在那之後，幾乎每個禮拜，我都會空出一段時間，和我的女兒「約會」，帶她們出去吃飯，在飯桌上，聽聽她們的心情和想法，而好笑的是，有一回妹妹就對我說：「媽咪，妳不要生氣，妳生氣了我會害怕，就不敢跟妳說了。」

當聽了她那樣說後，我就提醒自己，即使她還是個小孩，但她也有情緒、也有自己的想法。身為大人，我們總覺得孩子不懂事，可是每當我靜下心來聽聽孩子的想法，卻發現她們因為單純，有時反而比忙亂的大人更有通透的智慧，她說出的話，都帶給我很多的反思。

當然很多時候，身為大人，必須管教小孩，可是在管教之前，是不是可以多花點時間，去傾聽他們的感受，同時也把我們的感受告訴他們呢？不要覺得孩子什麼都不懂，也許他們還小，但是對於「情緒」這件事，他們的敏銳程度是很高的。像是有一陣子姊姊很抗拒去學游泳，因為覺得現在的課程太難了，而且很害怕每次游泳教練都會拿著碼錶計時，讓她很有壓力。當時我就持續跟她解釋「持之以恆」的重要性，要怎麼要堅持，以後長大才更能面對很多考驗。甚至因為姊姊有嚴重的過敏體質，我看了許多醫生建議，要改善過敏體質，就是需要游泳，這件事無論是對身體健康還是心理鍛鍊，都是很重要的。

當時也是有朋友說，妳為什麼要花這麼多時間解釋呢？其實就叫孩子去，她們還是會聽的，年紀這麼小又不懂，講這麼多幹嘛？反正乖乖聽話就好了。我知道這樣當下比較省時，但我還是想試試看，小孩是獨立的個體，我希望她們早點學會理解的能力。幾次溝通下來，後來，姊姊參加了游泳比賽，得了名次，她就不再抗拒上游泳課，也理解了我所說的原由，和教練的用心，還好好去跟教練道謝。

我覺得這是我想給予孩子的，不是因為「聽媽媽的話」所以

去做，是因為「理解了」這樣是好的，而心甘情願地享受，更懂得為了之前的付出感動。

我知道這些關於健康、面對壓力、持之以恆等，對個八歲小孩都是複雜的名詞，可能也似懂非懂，可是我還是要說，因為我不希望我是以一個大人的身分在命令她，我希望我們的母女關係，不是「因為我是媽媽，我是為妳好，所以妳什麼都得聽我的」，而是告訴她為什麼要這麼做。

其實，當媽媽真的是很不容易的一件事，沒有人天生會當媽媽，誰不是孩子落地後，一邊做一邊學習？我們都很辛苦，可是有時候，真的要有勇氣承認自己做錯了，這個做錯不是說妳對孩子不夠好、不是說妳不夠愛孩子，而是新手上路的我們，總有許多不擅長，需要不斷的學習、不斷的修正。有時候，我們沒有勇氣承認自己錯了，所以強硬地說「我做這些都是為你好」、所以不斷強調自己為孩子犧牲了多少，但那真的對事情一點幫助也沒有。

選擇當一個媽媽、選擇背負這麼大的責任，本身就是一個非常勇敢的決定。那就讓我們更有勇氣一點，時時刻刻檢視自己哪裡做得不夠好，甚至問問孩子的心情，讓孩子來告訴妳

「他在想什麼」。或許身為大人，我們會覺得孩子的想法幼稚，可是在孩子心裡，那就是他最真實的感受。

孩子的成長只有一次，我們希望孩子勇敢、希望孩子堅強，自己也要做個好榜樣。畢竟人的一生中，會做出許多錯誤的選擇，而與其耳提面命說教，倒不如讓孩子看到，媽媽雖然也會做錯，但媽媽勇於修正自己，勇於改變自己。畢竟時代一直在變，科學一直在進步，不斷有新的研究推翻以往的育兒方法，而我們也要勇敢地不斷進步，千萬別故步自封！

　　身為母親，我們都如履薄冰

放輕鬆，我們不一定要當 Wonder Woman

前幾天，我的朋友 C 轉傳了一則網路上的爆笑影片給我，是一個爸爸揹著孩子在打電動，爸爸打得很激動，手不斷揮來揮去，孩子在背後都已經快掉下來了，爸爸卻一點也沒發現。C 很生氣的說：「男人帶孩子難道都是這樣嗎？」

其實，為了這樣的事，C 已經生氣好久了。年初她升了職，需要頻繁出差，一開始的時候，她還會事先煮好一鍋咖哩或滷牛腱這類能久放的料理，可明明她已經通通準備好，只需要放上瓦斯爐加熱就可以，她先生偏偏就能讓孩子連吃三天

披薩或速食。她也想過，再加熱的東西畢竟沒那麼好吃，既然孩子喜歡吃漢堡，那麼她就買了一台調理機，在出差前自製了漢堡肉，只要煎熟就可以夾麵包，可是無論她怎麼變換花樣，只要她一坐上飛機，丈夫和孩子就宛如放牛吃草般，完全沒把她的交代放在心裡。

我忍不住勸她：「雖然說吃那些東西不健康，但又不是天天吃，沒那麼嚴重吧？」

「我就是很生氣！」Ｃ說：「現在外面的食品那麼不安全，從孩子小時候，我就堅持天天自己煮，上班累得要命還是趕回家做晚餐，連假日都用來買菜，現在只是叫我先生顧個兩三天，為什麼他連這麼一點事都做不好？」

身為媽媽的我，非常了解Ｃ那種擔心孩子的心情，可是我卻忍不住在想，每個媽媽都能講出吃速食的一百個壞處來，但是，當妳人在外地時，就是天高皇帝遠，妳又不會瞬間移動，怎麼管得到孩子吃什麼呢？

為什麼我們女人，總是什麼都放不下？

我們一直鼓勵女人要努力，現代的女人都很努力，可有時候我卻覺得，當努力成為女人的一種習慣，我們面對做不到的事情時，總是沒有勇氣承認「我就是做不到」，只想著「再加把勁」，忘了什麼時候該放棄。

就像 C，十幾年前她經營網拍品牌時，因為要盯著大陸的工廠打版出貨，搬到了工廠的附近住，那裡不是鬧區，甚至有很多路段都只是泥土路，所以出門非常不方便，在她想出辦法解決交通問題前，曾經連吃了半個月的白麵條配罐頭，可即使如此，只要看著工作上軌道，辛苦都有了代價。

可是，年輕時我們或許可以這樣不顧一切，但人到了另個階段，卻開始有了許多顧慮，可能妳已經有了家庭，不能離開孩子太久；又或者妳的父母或公婆開始有了些疾病，頻繁地進出醫院。我們不再像年輕的時候一樣，可以拖著行李，瀟灑地說走就走，因為我們有了更多的牽掛和羈絆。

我們總想著，只要拚一點，一定可以的。就像 C 出差前兩天拚命在家裡做菜，想要既能放個兩三天、又要兼顧美味，讓孩子願意吃，而不是寧願出去買。咖哩不行就換做漢堡肉，漢堡肉不行，她又想盡辦法變換別的花樣，可是，為什

麼我們沒有勇氣面對真正的事實，就是──工作和家庭，有時就是無法兩者兼顧？

就像這一、兩年開始，比起之前又是拍戲、又是主持，一直有新的挑戰，我大部分的精力，都放在經營我的社群、以及出席很多活動。剛開始時，雖然這些工作我都很喜歡，無論是品牌或我的 follower 反應也都很好，可是我心裡總是會有點慌，覺得會不會沒有新的突破，心裡害怕著不進則退。

有次我在義大利的小鎮工作，經紀人告知我回台灣兩天後，要再飛一次巴黎，下個月可能還要飛一趟紐約。接下她開始跟我討論著品牌希望上幾次直播，要跟什麼攝影團隊……突然間我慌了，怎麼我突然變成 KOL 了？

推薦美的事物很好，可在我之後還有一波又一波新起的 KOL，會自己剪輯影片、充滿熱情地參加 party 互動，我沒辦法像她們這樣全情投入，每天花十個鐘頭上網回 follower 留言，更沒辦法每年三大時裝週都跑遍。

我是如此熱愛時尚，但我的內心深處也是一個戲魂，摩羯座真的很多樣貌又矛盾。我總是說工作好累、我不是工作狂，

可是我天生就是喜歡表演、喜愛生活化的戲劇，什麼戲都愛看，從電視、電影、舞台劇，我真的是一個很好、很認真的觀眾，每當我看到一部好戲時，內心渴望有天能夠參一角，能夠痛快投入一部好作品。

可現在身為兩個小孩的媽媽、被稱為「時尚媽咪」，投入在時尚工作的我，難道這輩子就沒有機會再挑戰任何經典作品嗎？我的戲魂夢，就無法實踐了嗎？

只能說，當下我摩羯座的內心小劇場真的很忙。於是我跟經紀人嚷嚷，我可以上山下海去拍戲啊，我不用是主角、我也不計較酬勞多高，只要劇本好我就願意接；我可以去演舞台劇，我想要機會磨練自己的臨場反應，排練多少次，再苦再累也沒關係，只要是沒嘗試過的我都願意努力，我甚至還問她說，我是不是沒有市場了？沒那麼好推了？所以才不幫我接一些有挑戰的工作？

那天晚上，在一個偏遠寒冷的義大利小鎮旅館古老房間，她聽我嚷嚷完之後，冷冷地把手機行事曆調出來給我看，讓我看我上個月安排的活動，哪一天是家庭日，要帶孩子出遊，哪一天長輩住院了，必須去照顧探望，哪一天是大女兒的樂

理考試，哪一天又是小女兒要去游泳比賽……最後她跟我說：「我可以幫妳接別的工作，我相信以妳的能力和努力，一定可以做得很好，可是妳再努力也是一個有家庭的人了，不會分身也不會瞬間移動，如果妳在外地工作或拍戲，這些家裡的事，妳就都無法親自處理了，妳想清楚，這真的是妳要的嗎？」

開篇都說了我們不是 wonder woman，所以在經紀人勸說我的當下，自然也不是什麼甜心一點就通，人很容易鑽牛角尖、陷入彆扭之中，尤其我這摩羯座。老是說著 take it easy，謹記著奶奶的話要迷糊過日子，心中卻抵不過那個「想超越、想奮鬥」的自己。

那個不服輸的心霸佔了我，可憐的經紀人，那天晚上花了五六個小時，把我從鑽牛角尖的情緒拉回現實生活，從鬧彆扭到理解，她耐性地聽我說，也讓我自己從那個糾結的黑洞裡走出來。

人始終要學會面對自己、接受事實。

說來也有趣，若不是出國工作，我哪來有「一整夜」可以跟

經紀人好好促膝長談這件事呢？一定時間到了要回家陪家人、煮飯、做功課，扮演好母親的角色。但那瞬間的我，卻忘了我是有多重身分，只想著什麼我都很想要，只覺得，如果我有一個地方不是最棒，我就輸了，我就不是大家說能面面俱到的 Melody ！

我經常說，覺得自己是個很幸運的人，而那一天，我再次覺得自己幸運的不得了，因為我的經紀人不但幫我打理著工作，同時設身處地的為我著想，在我滿心只想著「我要更努力才會有成績」的時候，她卻提醒了我最重要的一件事，那就是：我再努力，也不可能成為 wonder woman ！

當理想和現實有所衝突，我們必須要作出選擇，可是說很容易，做卻很難，因為妳要先有勇氣，承認自己就是無法面面俱到、樣樣得到。就像我奶奶在丈夫過世後，獨自一人帶著孩子，因為她選擇了不與現實妥協，寧願自己拚命努力工作，也不肯隨便找個人嫁了，所以在孩子小的時候，她的時間都用在工作和社交上，在那個年代，任何不懂的事都要詢問朋友，甚至託朋友再去詢問別人，才能辦得了事。一個女人帶著孩子本來就很辛苦，更何況身在異鄉，奶奶真是擁有很強大的生命力，才能一次又一次在面臨人生的考驗時成功

生存下來。可是努力的代價是……她在孩子的童年記憶裡，是個總是在工作，難得在家，也總是在忙裡忙外的媽媽。

我曾經問過奶奶，難道她不覺得委屈嗎？畢竟她這麼努力，還不是為了孩子？可是奶奶卻對我說：「凡人再努力，也成不了神，既然已經做出了選擇，就不要不甘心。」當時還年輕的我不懂，只是替奶奶覺得委屈，可是現在我卻明白了奶奶的智慧，就是勇敢的面對自己力有未逮的事實，不要不甘心、也不要怪自己。

當然，人非聖賢，就像我看著一些朋友在事業不同的發展，得到了很好的成績，我也會渴望，有時也會想，如果我有機會，我一定也可以發揮得很好，因為我願意努力、願意學習……可是人生就是充滿選擇，有智慧的人，會多看看自己得到的，而不是老念著失去的。

"Take easy, you are not wonder woman." 從那天起我就時常對我自己說這句話，提醒著。

孔子說，三十而立、四十而不惑，以前總覺得是不受誘惑，但就現在的我，可能是對於生活的取捨，不要那麼疑惑。

什麼是人生的成功？什麼是生活得很棒？其實都是取捨，但在每個選擇中，擁抱當下的選擇發光發熱，去珍惜擁有的，是我在人生的下半場，希望能更燦爛的方法。

懂得休息才能往前，學會放輕鬆跑更遠的第二人生，是我想要的。當然也是希望我的朋友 C，或是正在看這篇文章的妳們，都能一起擁有的。

但，若現在看書的妳，才二十幾歲，嘿，當然是要努力往前衝，不要懷疑，若人生是場馬拉松，這裡還不是妳們的飲水補給站。

　　　放輕鬆，我們不一定要當 Wonder Woman

「算了」，其實是一種大智慧

有句老話說「勸合不勸離」，可我一直不是很贊同這句話，當然不是說鼓吹離婚，而是這句話，實在帶給女人太多的枷鎖了！有些女人的另一半，不僅僅是不適合她，甚至根本不是一個負責任的好人，在這樣的狀況下還要勸合不勸離，無疑是誤了女人的一生。可即使我的觀念是這樣，聽到 A 說想離婚時，我還是嚇了一大跳，因為 A 的先生我也是認識的，雖然不熟，但她先生說起來也並沒有什麼壞習慣，無論是工作、學識、涵養，各方面都不錯，對小孩也很好，雖然說兩個人生活在一起，大小爭執都是難免的，但事情怎麼會

嚴重到要離婚這種地步？

我連忙問 A 是怎麼回事，她嘆了口氣說：「我覺得很寂寞，做牛做馬沒人支持就算了，我先生還要扯我後腿！妳知道他離譜到什麼程度嗎？他居然抱著我兒子抽菸！」

其實，A 生氣是有理由的，她的兒子今年才兩歲，因為早產的緣故，身體一直不好，有氣喘、又會過敏，只要是感染到上呼吸道，即使只是一個小感冒，也經常引發肺炎住院。為了這個，她把家裡打掃的超級乾淨，不僅每天拖地掃地，每週換洗被單枕套，連櫃子或桌子後的死角，都每個禮拜整理，更別提想盡辦法帶兒子運動、注意飲食，要提高孩子的免疫力了。但是就像醫生說的，比起灰塵或是塵蟎，對過敏和氣喘兒傷害最大的，其實是二手菸，可偏偏她先生，卻是個菸齡二十年以上的老菸槍！

當然，A 是希望先生能戒菸的，不只是為了兒子，也是為了先生自己的健康，但先生畢竟是成年人，A 也不能強迫要求先生要怎麼做，只是為了孩子的健康著想，她希望先生要抽菸就去陽台抽，可她先生老是明知故犯。有時候人在陽台抽菸，紗窗卻沒關，因為要看裡頭的電視，菸都飄了進來，她

生氣罵先生，先生就會說：「妳不是說要去陽台，我已經在陽台了啊！」

有時候小孩不在家，先生就叼著菸在家裡走來走去，她叨念先生，先生又會說：「小孩又不在……」一直到前幾天，她下班回家，一開門就聞到一陣濃濃的煙味，轉頭找先生，才發現先生人在陽台抽菸，紗窗門沒關就算了，更讓她抓狂的是，她先生手上抱著她兒子，嘴裡叼著菸，煙霧全往兒子臉上吐！

她說她當下就抓狂了，連鞋子都沒來得及脫就衝到陽台把兒子抱過來，一邊對先生大罵：「你到底是怎樣？你自己不要命就算了，還想害死你兒子嗎？」可她先生一臉無辜，說自己在陽台抽菸，兒子跑過來說想要抱抱，不抱就要哭，「不然我難道放他哭嗎？」

A說，她那一刻簡直快要發瘋了！她真的不懂，為什麼她先生能說出這麼沒腦袋的話？先把菸熄掉不會嗎？或乾脆戒菸不行嗎？

「他根本就不在乎，如果他在乎的話，怎麼會講出這麼離譜

的話？孩子是兩個人的，他不幫忙，我認了，我自己一個人扛起來就算了，可他不幫忙就算了，爲什麼還要扯我的後腿？我眞想跟他離婚！」

「唉唷，妳冷靜一點！」我勸她：「婚姻不就是這樣嗎？」

不是我在說風涼話，說眞的，我完全明白 A 的感受，那不僅僅是生氣，還是傷心、憤怒、委屈的集合體。類似的情形，在我家也曾經發生過，我的小女兒因爲有天生近視的問題，所以從小對於她的眼睛，我非常的保護，嚴厲地限制她使用手機、平板和電視這種很傷眼睛的 3C 產品的時間，也在飲食上做了營養的調配。

但當然，小孩大了，會吵無聊，有時候也會沮喪說，爲什麼做了那麼多努力，眼睛都不會變好？要試著在她的小小世界明白，這件事不像「感冒」一樣，不會好了，只能預防不要快速「變壞」。而爲了讓她們有事做，我也得安排很多課後活動、假日要帶她們出去玩，爲了保護她的眼睛，我眞的要做很多額外的事。

可是，即使我規畫的這麼仔細，我先生偶爾也會粗心大意的

破壞了規矩。像是前幾天，他下班回家，第一件事就是往女兒的房間跑，雖然那時候已經是女兒的睡覺時間了，我已經幫女兒點了睡前該點的散瞳劑，但我也能理解，他真的很愛他的女兒，上了一整天的班回家就想抱抱女兒，我一直覺得這是我先生最棒的優點之一，因為爸爸是每個女孩子的人生中第一個認識的男人，他以後會成為女兒挑選另一半的標準和榜樣，所以對於他們父女有這種溫馨的睡前悄悄話時間，我一直覺得是很棒的事。

當然，要孩子在固定的時間上床睡覺，是一種長久以來的習慣養成，偶爾晚個半小時無所謂，可如果太久了，打亂孩子的作息，接下來要再把作息調回來，就會非常困難，所以過了大概半小時，我就跑過去敲敲房門，示意女兒該睡覺了，可沒想到，一打開門，裡頭黑漆漆一片，只有一個小小的四方形亮光，我先生居然讓已經點了散瞳劑的女兒看手機，而且還沒開燈！

當下吳先生看到我，立刻跟我解釋，他不是在讓女兒在玩手機，只是正在講故事，所以要用照片輔助，才讓點了散瞳劑的妹妹看一下。要是前幾年的我，大概也會像 A 一樣抓狂尖叫，畢竟那種憤怒感，真的不只是單純的生氣，還充滿了

委屈和疲憊！那種疲憊不是身體的疲憊，而是心理的，因為一開始，我們都會耐著性子跟先生溝通，想盡辦法讓他了解，為什麼我們希望他改變、為什麼我們需要他配合，那些堅持是有必要的。

照顧孩子是一件非常繁瑣的工作，小時候擔心孩子的營養和身體，青年期要擔心他們的叛逆期，我們照顧孩子，並不是有讓他吃、有讓他喝就好了，很多美好品德的養成，像是自制力、像是勇氣、像是誠實……都是日積月累的事，那不是妳對著孩子說「做人要有勇氣」，孩子就會長出勇氣來了，而是不斷的身教和言教累積的結果。可當妳一次又一次跟先生溝通，但他卻一次又一次犯同樣的錯誤時，妳當然知道他不是故意的，就像 A 的先生，也絕對不可能故意要讓孩子吸二手菸，他真的只是沒想那麼多，可就是因為他不是故意的，卻更讓女人覺得發自內心的疲憊，因為妳已經說到口水都乾了，先生還是不了解、還是不明白、還是有的時候會忘記。

我承認，有一陣子我也對這樣的狀況感到非常疲憊，所以一度非常羨慕一對夫妻朋友。他們有志一同的希望孩子可以學業有成，從孩子小時候，兩人就一起研究哪個學校好、哪個

補習班好，考試前幾天，會輪班陪著孩子在圖書館溫書，為了不讓孩子分心，他們倆在圖書館也絕對不使用手機，就是帶著書去看。坦白說，到了我們這個年紀，在圖書館坐的直挺挺看一天書，真的是腰酸背痛眼睛發澀，所以他們夫妻便輪班，早上太太去，中午時換班，換太太回家休息，先生去陪著，晚上在全家一起吃飯。當然我不是說他們夫妻就不會吵架，可是有人可以一起努力的感覺真的很好，那是一種心理上的支持，一種有人了解和贊同的欣慰，彼此的生命緊密交集，不就是我們結婚之初最希望的嗎？

可是奶奶的一席話，卻改變了我的看法。去年她回台灣，我帶她去吃上海菜，她吃著吃著，嘆了口氣說：「人啊，打小吃什麼，就是習慣什麼，妳看我十八歲就離開上海了，在台灣和美國待的日子，比待在上海三倍都還不止，可到現在，洋人的菜，我還是覺得沒有上海菜好吃！而妳先生從小吃的，也跟妳不一樣，不是嗎？」

我知道，奶奶是藉由食物的口味，在教導我人生的道理。從小我在家裡是老大，爸媽忙於工作，以至於我已經習慣了當管家，但我先生在他家裡是老么，也難怪他到現在還有些孩子氣。這不是說他不好，就像上海菜、台菜或者西餐，也沒

有誰不好的道理一樣，畢竟我們都來自於不同的原生家庭，純粹只是習慣問題。

我們不會去說服一個吃中菜長大的人說西菜比較好吃，也不會硬要一個外國人承認內臟又營養又口味獨特，又為什麼老想著說服不同環境長大的人，要認同妳的價值觀呢？

所以，這次我看著拿手機給女兒看的先生，只是深深吸了一口氣，然後說：「女兒剛剛點了散瞳劑，用手機對眼睛很不好，而且她該睡覺了。」是的，偶爾我還是會抱怨，畢竟女兒又不是昨天才開始有眼睛的問題，這些事不是早說過了嗎，為什麼我還要一次又一次的提醒？可是再仔細想想，這不就是婚姻嗎？

夫妻結婚後，畢竟是一起打理一個家，觀念不同，需要磨合、也需要配合，可再怎麼配合，也都有個限度，無止盡地想去說服對方，就像懷抱著一個不切實際的希望，不只自己痛苦，對方也很辛苦。可是這道理人人懂，要接受卻需要很大的勇氣，因為這等同於要妳接受，在某些事情上，你和另一半，就是兩條平行線。

以前我會覺得「這怎麼可以」，花費大把力氣，想把兩個人

拉回同一條線上，講道理不成，就來軟的，來軟的不成，就板起臉來硬的，不僅給對方很大的壓力，同時也讓自己一直很累很忙，甚至很失落。可仔細想想，也許是一開始我們就要求太高，或者看了太多「王子和公主從此過著幸福快樂的日子」的童話故事，對婚姻太過要求完美，卻忘了**真正的婚姻，就是兩個人一起過日子，過日子，本來就是充滿了平淡而瑣碎的小事。**

在奶奶勸過我以後，每當先生又因為小事惹毛我時，我就會跟自己說：「小事情算了」。

「算了」其實是一種大智慧，以前我雖然也不是那種整天叨念、一見面就翻舊帳的人，可是心裡一直記著些瑣事，真的很容易整天看先生不順眼，想挑他的小毛病。就像以前我先生也曾經因為和女兒玩，玩得太嗨，導致女兒晚上睡不好，隔早女兒賴床，他特地請了一小時假，開車送女兒去學校。明明是很愛女兒的行為，可當時我一點也看不見他的好，因為滿腦子都被「誰叫你昨晚要跟她玩那麼晚不睡覺」的抱怨佔據了，但是當我放下這種「為什麼他不跟我站在同一陣線」的執念後，我慢慢的發現，其實事情真的沒那麼嚴重，也許他是真的有點孩子氣，有時甚至讓我覺得我不僅有兩個

女兒、還有一個也經常闖禍的大兒子，可是，他的確是一個愛家愛孩子、充滿責任感的好男人，這才是最重要的。

我問 A 說：「妳先生其實很愛兒子吧？」

她嘆了口氣說，「對，其實過敏兒是很難照顧的。」他們為了這個問題搬過家、花過不少錢，一路以來她先生也都是二話不說就把薪水都交給她，有次兒子得肺炎住院時，她手頭上有個工作無論如何都走不開，也是先生馬上就請假在醫院陪兒子，雖然陪的過程中，還是粗心大意，一下忘記餵兒子吃藥，一下是兒子流汗了也不知道幫忙擦，就讓兒子額頭濕濕地吹電風扇，可他畢竟不是無心照顧，只是天生粗心大意。

我勸她好好跟先生談談，不要一開口就責備先生做不好，她聽了我的勸，才知道先生只是因為經常加班，陪孩子的時間很少，所以更希望和孩子培養感情。雖然方法錯了、雖然給 A 在帶孩子上增加了一些麻煩，但先生那麼辛苦工作，說到底也是為了孩子，也許有時候，另一半的做法讓妳覺得彼此像是兩條平行線，可是退一步看，妳就會發現，彼此的方向和目標還是一致的。

婚姻真的是一門大學問，而我們都要有勇氣，去接受婚姻裡那些不如預期的挫折。因為人生本來就不可能心想事成，當妳不接受，妳只會一直被不如預期的失落困擾，但當妳接受了，妳會慢慢發現，這就像是不同地方的菜色一樣，也許妳原本預期會吃到上海菜，沒想到端上桌的卻是法國菜，的確是跟妳原本打算的不一樣，但它也有它的獨特滋味和美好之處。放下不如預期的失落，發現平淡之中的美好，這就是婚姻給我們的課題。

　　「算了」，其實是一種大智慧

Chapter 4

好好喜歡，現在的自己

我們不可能時時如雜誌上完美，因為真實的生活，

就是有時好氣、有時又好笑，

正是因為有那些不那麼完美的時刻，

才讓我們更加懂得珍惜和惜福，

而也正是因為有那些完美的時候，

才帶給我們力氣，去度過每一次的不如預期。

給自己偶爾放縱的灰色地帶

前兩天，我做了一件非常任性的事：吃了一整包的洋芋片！

相信所有女人都知道，洋芋片是多麼邪惡又恐怖的食物！首先馬鈴薯是澱粉，本來熱量就很高，油炸又讓它的熱量更高，然後，撒上那些重口味的調味粉，隔天還會水腫，再加上身為藝人，經常要電視或拍照，鏡頭又有放大效果，整個人看起來就大了一號……總之，我這個女藝人到底有沒有羞恥心啊！而且我當時還在客串一部戲！

坦白說，身為一個女人，愛美是天性，而身為一位女藝人，把外表打理好，更是一種對工作負責任的態度。曾經也有許多不是藝人的朋友問我：「長期做飲食控制不會很辛苦嗎？」而我總是回答：「不會啊！我又不是惡性節食，什麼都不吃，我也可以吃澱粉，只要是健康的澱粉；也可以吃菜吃肉。至於那些零食，對身體沒益處，本來就少吃最好。」

當我那樣回答時，我並不是逞強或說謊，而是真心那樣認為。可是隨著年齡漸長，體重控制真的沒那麼容易了，以前稍微不加節制吃了一頓大餐，囤起來的小腹肉可能兩天就能消下去，但現在卻要一個禮拜甚至更久。以前若有什麼重要活動，只要前一週認真控制和運動，當天狀態就能很好，可現在，無論怎麼努力，自己就是覺得差了一點。

像我這種信仰「有志者事竟成」的人，老實說，一開始的想法就是「還不夠努力」。燃燒脂肪需要做有氧，我就去上有氧，希望線條好看要做肌肉訓練，我就去做重訓，做了以後覺得成效沒自己預期想的好。看到醫學報導上說，早上運動燃燒脂肪的效率更好，我就盡量調整工作時間，選擇早上去運動……我不是不知道隨著年紀增長，新陳代謝會變差，本來這些事就沒有以前那麼容易，可是最一開始我想的是，那

就勇敢接受自己已經要邁向人生下一階段的事實吧！比以前更努力去運動，不就解決了嗎？

直到我一個朋友 B 的身體出了問題，我才突然開始反思自己，是不是從頭到尾，我都沒有勇氣去學最重要的一件事，就是偶爾放鬆自己？

我的朋友 B，是一個健身教練。身為教練的她，對於保持自己的狀態當然非常在意、也很有心得，不只是固定運動，就連飲食也非常節制。一直以來身體都很健康、很少生病的她，不知為何從前幾個月開始，總是莫名其妙的胃痛，她原以為是腸胃炎，吃了藥確實也好了，可是用不了多久，換成了肚子痛，一下子便秘，一下子又狂拉肚子，這對作息正常、飲食節制又長期保有運動習慣的她來說，是非常不正常的一件事，可到了醫院，X 光也拍了、胃鏡和大腸鏡也照了，也都沒有什麼毛病，直到最後，醫生問他：「妳最近是不是特別累？」

B 說她一下子愣住了，畢竟，要怎麼定義累不累呢？她身為一個媽媽，每天為小孩奔波也不是一天兩天的事了，雖然說她的公公大約一年前中風，每個禮拜要去醫院做兩次復健，

但非常懂得安排生活的她，迅速就將一切打理的有條不紊。比如說，她調整了孩子的才藝課時間，這樣她就能一趟車程同時接送公公和小孩，又比如說，她迅速發現公公做復健的復健中心旁邊有一個菜市場、以及大型超市，又改了自己買菜的地點，在等公公復健的時候就能把當天要煮的菜買好。很懂得規畫生活的她，並沒有因為行程表裡突然加進了「接送公公去醫院」這件事，就方寸大亂啊！

B 跟醫生說了她家的狀況，想了想又補上一句：「可是我每天都起碼有睡足六小時！」

結果醫生很直接地說：「人會騙自己，但身體不會。妳這是自律神經失調，妳的身體已經很誠實地告訴妳，妳沒有妳自己想像的那麼厲害！」

B 說，在那當下，她其實是很生氣的，甚至氣到想寫院長信箱投訴那個醫生態度不佳，憑什麼評價她的生活？她身體不舒服，醫生負責把她醫好就是了，為什麼要用一種嘲笑的態度，暗示她抗壓性不足、做不到還不承認？可是等到她拿到藥，回到車上，仔細看了藥袋上那些藥，包含抗焦慮、抗憂鬱，她突然在車子裡大哭起來，她想起醫生一開始問她最近

是不是很累時，她第一個反應居然是問自己「怎樣叫做很累」，她已經把自己搞到一種連自己累不累都不知道的狀況了，到底長期以來，她是有多麼的忽視自己的心情？

聽了 B 的遭遇，在那當下，居然也有一種鼻酸的感覺。對啊！女人到了人生另個階段，身上的壓力倍增，上有老、下有小，每一件事都需要妳打起十二萬分精神去處理，喊累是沒有用的，因為小孩還是要顧、老人還是要顧，久而久之，我們連喊累都懶了，因為也沒有人會安慰妳。我相信女人多多少少都有這種經驗，就是妳一開口抱怨，婆婆媽媽就會說：「那我們以前怎麼辦？我們以前生更多小孩，又沒有洗衣機、沒有烘碗機，家事都要親手做……」老公也會說：「我上班難道就不累嗎？」甚至於我們不敢去想自己累不累，因為我們已經像是一條被扯到最緊的橡皮筋，妳比誰都害怕一旦氣盡鬆懈，妳就沒有力氣再撐起來了，屆時這些大大小小的事，又該怎麼辦？

我比 B 幸運的是，我的先生非常愛孩子，他會希望能跟孩子相處、會主動的陪伴女兒，不像 B 的先生長年在大陸工作，整個家都靠她一個人支撐。可是我也是會累的，那種累不是說妳有沒有睡飽、一天睡幾個小時，而是一種心理上的

累。身為一個大人，每天睜開眼睛，我們想的都是怎麼處理家裡的事、怎麼處理工作的事。不是說那些事情我們做得不甘願，工作跟家庭都讓我很快樂，可是快樂之餘，那些也是責任，而我們有多久，沒有好好疼惜自己心裡的小女孩，聽聽她在說什麼？照顧家庭孩子的同時，我們有多久沒有好好照顧自己？

就像那一天我在拍戲，拍戲是我很喜歡的工作，我在空檔時拿著劇本，不僅是在背台詞，也在揣摩角色，想著我飾演的那個角色她在想什麼、她喜歡什麼、她想做什麼，而在那時，我突然問自己：「那我想做什麼呢？」然後，心裡像是有一個聲音衝出來似的在我耳朵邊大喊：「我想吃洋芋片！」坦白說，在那時我還是有一點猶豫，可是一路以來我都這麼努力控制自己，現在我只有這麼一點點小小的任性，難道真的不能滿足自己嗎？在那一瞬間，我豁出去了，馬上拜託我的經紀人去幫我買，買回來後，我每拿一片放進嘴裡，她就很緊張地問：「妳確定嗎？妳真的要吃這麼多嗎？」但我已經完全聽不進去了，因為我只覺得全身上下的每個細胞都滿足到在跳舞！輪到我的角色上場時，我一邊跑進棚裡，一邊還回頭對她大喊：「不准偷吃！我等等還要吃！」

現在回想起來，那場面簡直好笑極了，因為那時的我真的就像個小女生一樣，緊緊抓著心愛的東西不肯放手，而那只不過是一包洋芋片！當天拍完戲回家，我還是要處理小孩的事情、處理家裡的事情，但當我在廚房做菜時，我女兒跑了進來，說：「媽咪妳今天心情很好對不對？」我覺得很驚訝，女兒怎麼會知道？結果她說：「妳今天回來抱我時，抱得比平常還久，現在還一邊煮飯一邊在唱歌。」只是一包小小的洋芋片，可是因為我寵了自己心裡的小女孩一次，居然有這麼神奇的效果！

當然我的意思不是說，我們要放縱自己，而是有時候，我們都把自己逼的太緊了。就像 B 一樣，她勇敢地擔起了家庭的所有責任，卻忘了照顧自己，也像以前的我一樣，很努力保持身材，為工作負責、也想給小孩做個好榜樣，卻沒有正視自己偶爾就是想放縱大吃的心情。

我想，或許是因為生活真的太需要勇氣了吧！面對許多責任和壓力，女人一直勇敢的告訴自己「我可以的」，我們很努力做一個稱職的大人，卻忘了自己內心裡的小女孩，妳沒有勇氣放她出來透透氣，怕自己一旦放鬆了就再也沒力氣，但其實，**每個女人心裡的小女孩要的東西真的很簡單，也許只**

是一包洋芋片、也許只是幾個小時的休息時間，只要滿足了她，就像是給自己注入了一股全新的力量，心情好了，什麼事情都會好起來。

勇敢地放妳的內在小孩出來透透氣吧！

一輩子的姐妹淘

從小，我就一直很喜歡奶奶，因為在我心裡，她實在是個了不起的女人啊！為了愛情，年紀輕輕就跟著愛人一起離鄉背井，為了生活，又帶著孩子一個人從台灣飛到美國，他們那個年代資訊又不發達，不像我們現在還可以先上網查一下外國的風俗民情、還是先上語言學校準備一下，奶奶就是決定要去，就包袱款款衝出去了，然後見招拆招，用一些非常土法煉鋼、可是卻又實在有用的方法，渡過所有難關。

當我還是小女孩時，只覺得這樣的奶奶好酷、有好多故事，

直到我現在也當了太太、當了媽媽，才更加體會到奶奶的勇氣和智慧。隨著奶奶年紀越來越大，我真的很珍惜每一次能和她相處的時光，可是我的奶奶真的很有趣，就像她中秋節時回台灣，我興高采烈地盡量排開所有工作，想要帶著奶奶好好玩一玩，沒想到奶奶卻說：「妳不要忙了，我不要住妳家，我要去住張奶奶家！我跟唐奶奶還有沈奶奶，要一起住！」

這些奶奶們，都是我奶奶一輩子的好朋友，當然，奶奶難得回台灣，要見一見好朋友，我絕對理解，但是她怎麼能不住我家呢？我跟奶奶說：「妳住我家，什麼時候想去找她們，我開車送妳去啊！」沒想到奶奶卻說：「哎呀，我們暑假不是才見過面嗎？我這次回來，我們不見面也沒關係的，反正我們幾個就是要去住張奶奶家。」聽她又重複強調了一次，我又好氣又好笑，這一群加起來好幾百歲的奶奶們，怎麼還像小女生一樣，一見面就要黏在一起啊！

我忍不住說：「可是中秋節啊，我們還是要見個面吃個飯吧？」但奶奶還是一直說不要、說麻煩，最後我只好說：「那我請妳和唐奶奶和張奶奶、沈奶奶一起吃飯好不好？」這下奶奶終於點頭了，還興高采烈的，好像小女生要和閨蜜

去遠足一樣，眞是可愛極了。

我常常說，女人一定要有朋友，尤其是結婚生孩子後，朋友更不可少，有時候我們就是聚在一起，講講閒話，就覺得開心的不得了。但我還是很好奇，這些都八十幾歲、甚至要九十歲的老太太們，聚在一起是在說什麼呢？有次我忍不住問奶奶，奶奶好高興的跟我說，她們住在一起，就是整天在聊天啊，從早上八九點睡醒、一路聊到晚上十一點，然後她轉述著其他奶奶說過的話給我聽，我越聽越覺得有趣，因爲眞的就是那種閨蜜間的聊八卦、甚至說小話。可能哪個奶奶批評了誰，大家就妳一句我一句的接上，也可能哪個奶奶說了自己先生的壞話，大家又妳一言我一語的講「對對對，男人都這樣，我先生也是怎樣怎樣。」如果不看畫面，光聽內容，其實和我們跟姐妹淘聚會時講的話，根本一模一樣。

但其實，即使是認識了大半輩子的姐妹淘，她們也是會有起小爭執的時候。就像有一次，我奶奶堅持要和唐奶奶坐同一班飛機，可是因爲兩個人的票是分開買的，所以座位沒有在一起，那次奶奶的身邊，剛好坐了一個年輕男子，奶奶就跟這個小帥哥說：「我有點感冒，一直咳嗽，怕傳染給你，我還是到後面去坐吧！」然後就跑去坐唐奶奶身邊了。其實，

好姐妹坐長途飛機，想要坐在彼此身邊有個伴，是很正常的事，只是這些老太太們，即使年紀再大，也還是有女孩子的彆扭，唐奶奶講起這件事時，還故意跟我說：「妳看妳奶奶，她只擔心起小帥哥會不會被傳染，完全忘了我這個老太太也擔心會被感染。」然後奶奶聽了，重重哼了一聲，不說話了。唐奶奶跟我對看一眼，不約而同地轉移了話題，畢竟奶奶真發起脾氣來時，可是拗的不得了！

那晚回家，我想起奶奶當時有點不高興的表情、和唐奶奶急於轉移話題的樣子，不禁想起了許多自己和朋友之間的事。很多人都說，女人很敏感、很愛計較，所以女人的友誼很脆弱，但我從來都不認同這樣的想法，畢竟再怎麼好的朋友，也是彼此獨立的個體，怎麼可能從來不吵架？

我還在念書時，有個很好的朋友，明明她條件很好，可卻跟一個花心的男人在一起，怎麼勸都沒用。有一次，她又因為那個男生跟其他女生搞曖昧，心情很差而跟我抱怨，我終於忍不住對她說：「妳到底有什麼毛病！那種爛男人，妳到底看上他什麼？」她想告訴我那個男人也有他的優點，可是我卻打斷她說：「我告訴妳，這種男人，他不會改了！妳硬要跟他在一起，就是會一直吃苦受罪，妳自找的！」

當時我還很年輕，只覺得自己是為朋友好，想要一針見血的罵醒她，卻忘了考慮朋友的心情，而她被我罵了也不高興，又跟我們共同的朋友說我很兇，話傳到我這裡來，我更不開心了，心裡覺得非常委屈，明明我是為妳好，妳不領情就算了，怎麼好像一切都是我的錯？

在那之後，有好一陣子我們幾乎都沒有來往，以前經常一講電話就是好幾個小時，那一陣子卻都沒有聯絡。當時我也覺得好傷心，感嘆著友誼的脆弱，直到過了好幾個月，我們在一個共同朋友的生日 party 上遇見，自然而然地又再度聯絡起來了。有一天晚上，她突然跟我說：「我知道妳是為我好，只是那些話聽了真的很難過。」我想了想也跟她說：「我知道我講話太急了，沒考慮到妳的心情，但是妳跟別人抱怨我，也讓我覺得很難受。」誤會解釋開來，我們還是好朋友，一直到現在都是，而且我因此學到說話時要考慮別人的心情，不是自己想說什麼就說什麼，我相信她也學到了別過話這門功課，這就是好朋友不是嗎？

年輕時，我們總是追求完美的，不僅追求愛情的完美，也追求友誼的完美，但世界上哪有完美的事呢？就像最近熱播的電視劇《如懿傳》裡的如懿和海蘭，她們那麼要好，在后宮

那樣爾虞我詐的地方，互相扶持、互相照顧，但她們也是有意見不合的時候，海蘭瞞著如懿處死凌雲徹時，如懿不是也很不開心嗎？但這也並沒有影響她們的友誼；甚至不只是海蘭，像香見也是因為如懿懂得她的心情，而把如懿當成在宮中唯一的朋友。因為女人有很多微妙的小心思、敏感的小細節，真的只有女人才懂，而有個懂妳的人經常和妳說說笑笑，就是一種幸福。

中秋節那時，我和奶奶及奶奶的朋友吃完飯，奶奶突然問我：「這個季節還有香瓜嗎？」我說有，但因為那天是星期一，菜市場很多攤販都沒開，我跟奶奶說：「明天我買了給妳送過去好不好？」可是奶奶卻很堅持她要自己去挑水果。於是我帶著她找了很久，終於找到一攤有開的水果行，沒想到她隨便挑了兩顆香瓜，就指著一旁的葡萄說：「哎呀，唐奶奶最愛吃葡萄！」

她給自己挑香瓜，只不過隨便看了兩眼，但要給唐奶奶挑葡萄，卻挑剔得不得了，一下嫌不夠大顆不夠圓、一下又說聞起來不夠香，翻來看去就是不滿意，最後她看到老闆放在架子上的另一種葡萄，非常驚喜地說：「那個葡萄好！又大又圓！我在美國從來沒看過那種葡萄！」

我跟奶奶說那是日本進口的麝香葡萄，奶奶就說：「哎呀，那一定很貴吧！進口的東西都貴，我們吃普通的就可以了。」但是她是我的奶奶，我怎麼會不了解她呢？如果是她自己要吃的，她老早就挑好結帳了，根本不會注意到架子上還有另一種葡萄，可就是因為是要送朋友的，她才會想挑最好的，於是我趕忙請老闆幫我拿下來包好，果然奶奶非常開心，提著水果回餐廳送給唐奶奶後，手揮一揮就說：「好了，妳別送了，我們還要去打麻將呢，我們自己叫車就好。」一副嫌我囉嗦、要趕忙跟閨蜜自由自在去玩的樣子，我忍不住說：「那我們下次什麼時候吃飯？妳上次不是說想吃北京烤鴨嗎？」奶奶一直說：「哎呀，我怎麼知道什麼時候有空呢？再說吧再說吧！」倒是唐奶奶眼睛一亮，一直問我是哪一間的烤鴨，因為唐奶奶喜歡烤鴨，這下奶奶又回頭了，說：「那不然我們找一天再約吧！妳再打電話給我啊，等我們有空！」真是讓人又好氣又好笑。

我看著她們幾個老太太一個牽一個地走了，連要進電梯都還聊個不停，連電梯門都快關上了也沒發覺，不禁覺得這真是幸福的畫面。其實，她們年紀都很大了，有一些人的先生已經不在，有一些人跟媳婦或女婿不合，即使都有兒女，卻也不能經常來往，因為人生就是這個樣子，總有一些不如意，

可是她們還有彼此。就像我再關心奶奶，但畢竟我們年紀不同、經歷不同，很多事情，都只有她們懂得彼此心裡的那種感受，經常在一起說說笑笑，就能給彼此力量。有這樣一群好姐妹好知己，就是女人的幸福裡不可或缺的風景。

那些原生家庭
教我們的事

時間真的過得很快，轉眼間我都快邁入四字頭了！昨天，我一如往常地整理著家裡，抬頭看到書櫃，才發現我居然也已經出了好幾本書。還記得第一次準備出書時，我整天對著電腦抓狂，心想「我為什麼要這樣整自己？明明中文就不好，連劇本都經常看不懂了，別人寫的我都看不懂，居然還想自己寫書。」

可是幾年過去，卻一本接著一本，越來越覺得寫作是有趣的事。人是會變的，時間帶給我們經歷，經歷讓我們成長，就

像三年多前我寫《Melody 的幸福三元素：閉嘴、放空、微笑》時，還帶著一顆少女心，經常想著要幫生活添加色彩，要製造情趣、要努力學習很多事，可一千多個日子過去後，我還是保持著少女心，但卻更懂得了放鬆與留白的藝術。從二十幾歲時的 drama queen 到三十幾歲時的 gone girl，如今，我突然不想再當個 wonder woman，但是，唯一有一點從來沒變的就是，我始終認為，一個幸福的女人，一定要有安全感。

當然男人也需要安全感，甚至不只是人類，小狗也需要安全感，可我之所以特別強調女人，是因為女人真的是一種天生敏感的動物。我們對周遭環境的改變很敏感，我們對其他人的情緒變化很敏感，正因為是這樣，更需要安全感在心裡掌舵，才不會迷失方向。所以一直以來，我經常在想，到底女人的安全感從何而來呢？一部分是來自於成就感，知道並且肯定自己的能力，能讓我們感到安全，所以我總是說女人要有工作；一部分是來自於友情，要有知心的朋友，可以互相打氣、一起講講八卦、講講垃圾話，所以女人必須要有好姐妹；當然，運動也是有幫助的，畢竟醫學早已證實，規律適度的運動，可以幫助人體分泌穩定情緒的血清素，更何況女人總是愛美的，看到自己漂漂亮亮的，心情自然會好起來。

所以一直以來，我都是這樣在安排自己的生活，也見過許多原本很沒有安全感的女性朋友，因為做到了上面說的這些，而改頭換面。可說也奇怪，我有一個老朋友 Patty，明明她就是一個既聰明又有能力的女人，身為活動公關的她，既受公司重用，又有許多好朋友，而且她還是個馬拉松愛好者！可是這樣的她，只要一談戀愛，就變得神經兮兮又多愁善感，四十歲了還像十四歲一樣，會因為男朋友沒回她電話而抓狂。

前幾天，Patty 打電話給我，一接起電話，我聽她的聲音，就知道她已經喝的半醉了，可是她一開口就說：「Mel，我不行了，我真的快發瘋了，妳覺得我要不要現在訂機票，明天就飛去香港？」我一頭霧水整個搞不清楚是怎麼回事，她才跟我說，她男友上禮拜飛香港出差，可是卻臨時決定要在香港多停留兩天散心，她越想越覺得不對勁，立刻跑去翻男友的前妻的 Facebook，卻發現向來天天更新好幾次 Facebook 的前妻，這兩天臉書都毫無動靜。

「妳說，會不會是他們舊情復燃了？現在兩個人一起在香港玩，所以他前妻才沒空更新 Facebook？」Patty 問我。
「妳想太多了吧！」我很驚訝。「現在網路那麼方便，別說

去香港，去非洲也能上臉書啊！如果他前妻真的去了香港玩，不是更應該到處拍照上傳嗎？」

「說不定是他叫他前妻別上傳任何東西啊！說不定他們玩得很愉快，根本沒空上網啊！說不定……」

「停停停！」我覺得頭好痛，畢竟要這樣猜下去，就算猜到後天早上也猜不完，我忍不住對 Patty 說：「如果他真的跟他前妻在一起，就算妳現在跑到香港去也沒用，妳要不要早點去睡覺？明天不是還要工作嗎？」

Patty 一邊哭一邊說：「我也知道，所以才想說喝點酒比較好睡，可是我真的睡不著啊！」

我看著平常獨當一面的 Patty，一談戀愛就彷彿回到十幾歲小女孩的模樣，盯哨、查勤、奪命連環 call 樣樣來。每次她一戀愛，就宛如偵探一般把對方所有舊情人的 Facebook 和 Instagram 都找出來，時不時盯著看，更別提其他瘋狂的行徑。她自己也不想這樣，畢竟最痛苦的人就是她，可她卻控制不了自己。

而這一切，都是源自於她小時候的經歷。

Patty 的父親，是個很風流的男人，從她有印象開始，就不

停的在外遇，破碎的家庭對孩子當然有很大影響，但是更慘的是 Patty 的媽媽對這一切完全看不開，從她很小的時候，她媽媽就一天到晚在捉姦，而且老是帶著她一起去，覺得要讓她的爸爸看到她，才會想起自己還有個孩子、還有家庭的責任。當年的 Patty 曾經對這一切感到非常不耐煩，覺得自己的媽媽像個神經病、暗暗發誓長大以後絕對不要成為這樣的女人，可是，原生家庭帶給人的影響是潛移默化的，甚至就像寫在基因裡的遺傳，完全戰勝理智。Patty 不像她媽媽那樣理所當然地覺得女人就是要抓姦要查勤，她比誰都清楚這麼做只會把男人推得更遠，可最痛苦的就是她忍不住。

說真的，年輕時我遇到這樣的朋友，我會勸她們，勸不聽的時候，我也會罵她們，可是慢慢的我卻發現，人有許多身不由己，都是來自於原生家庭的影響。像是我也知道管太多會讓人很討厭，但是從小身為老大的我，早已習慣要照顧弟弟妹妹，只要一不小心，那種雞婆的性格就會流露出來而不自知，又或者像我先生，我老是開玩笑的說他有一種把耳朵關起來的特技，而這也是源自於他原生家庭的影響。

去年我奶奶回台灣住在我家，要回美國時，她對我說：「Mel，我在妳家住了這麼久，每天觀察妳，發現妳真的很

會唸！妳都還沒四十歲，比我這個八十歲的人還愛叨唸！妳
先生怎麼受得了妳？」

我說：「我哪有很會唸？那是因為我講了他都沒有聽進去，
我只好再講一次……」

奶奶打斷我，說：「相信我，妳真的很會唸！」

我有點不服氣，有天晚上，我跑去問吳先生：「你覺得我很
會唸嗎？」好笑的是，吳先生用一種「天啊，妳又要搞事
情了嗎？」的眼光看著我，很謹慎地說：「妳問這個幹什
麼？」即使我一再保證，我只想聽實話、絕對不會生氣，他
還是不肯給我一個正面答覆，只說：「還好啊！女人不都是
天生就很愛碎碎念嗎？」

而當他那樣說的時候，我仔細想想，突然明白過來，吳先生
可是在女人堆裡長大的啊！他家一共五個小孩，除了他，其
他都是女生，女人本來就是一種比較喜歡用語言表達情感和
心情的生物，早就有研究顯示，女人腦袋裡的語言區是遠比
男人發達的，所以他早就習慣在女人開口時，先把耳朵關起
來，這是他一貫的生存之道。

我承認，在剛結婚時，我曾經非常受不了這一點，覺得我真

心想跟他溝通事情，他卻只是敷衍，可當我慢慢明白原生家庭能帶給人多大影響後，我才明白他真的不是故意的，雖然我會很希望他能改變，可是，改變哪有那麼容易？他在跟我結婚之前，已經過了接近四十年這種必須隨時把耳朵閉起來的生活了，一個養成了四十年的習慣，哪有可能說改就改。

我的意思不是說，我們不必改變自己，相反的，我們要有勇氣接受這些從原生家庭帶來的習性，才有可能慢慢去改變。就像 Patty，她其實比誰都努力改變自己，這些年她也看了心理醫生、也接觸宗教，若是再早個十年，她早就直接衝去香港了，哪還會打電話給我？

同樣的，我們也要有勇氣接受別人從原生家庭帶來的習性。就像我先生現在又把耳朵關起來時，我會先深呼吸、不斷提醒自己「他不是故意的」，與其生氣，不如好好講、好好說；然後也鼓起勇氣承認，我也有從我的原生家庭帶來的習性，就是身為老大的雞婆病，也許有些事，真的是我想太多管太多，其實根本沒那麼嚴重。

我們從原生家庭裡走出來，成家立業、生了孩子，成為孩子的原生家庭，有時我常常在想，我的兩個女兒，又會從這個

家裡帶著什麼習性出去呢？我希望她們長大後，能成爲有勇氣、有智慧的女人，因爲勇氣和智慧，是一個女人最寶貴的資產，能帶領我們，勇敢跨過人生的每一個難關。

勇敢地去爭取
想要的關愛

前兩天早上，我在趕往工作的路上，手機叮叮叮的響了，我拿起來一看，是一封簡訊，簡訊上寫著：「Good morning～妳今天過的好嗎？」

在看到那封簡訊時，我忍不住笑了出來，一旁的工作人員看到了，還很好奇地問我：「是誰傳簡訊給妳啊？笑得這麼開心。」我跟她說是吳先生，未婚的她很羨慕地說：「你們已經結婚十幾年了，他還這麼關心妳，你們感情好好喔！」

是的！吳先生的確非常的關心我，但其實，昨天晚上我才和他起了小爭執，爭執的重點是什麼，我已經完全想不起來了，因爲那一定是家庭的瑣事，也一定不是我們第一次爲類似的事起爭執，當然，那就是生活，我們難以避免地和另一半有許多摩擦，可是，當妳狀態好時，妳能很理智的知道，那不是大事，深呼吸幾口氣就過了，但當妳狀態不好時，一點點小事也會讓妳覺得委屈，而要讓女人狀態好，最需要的就是另一半的關心。

所以這一年多以來，我常常跟吳先生說，我需要聽一點好聽話，不用很噁心的甜言蜜語，也許只是幾句關心的話，像是天氣涼了提醒我多穿幾件衣服、像是在我工作一天回來後，關心我「今天很累要早點休息喔」，只要這麼簡單的幾句好聽話，就能讓我開心，而女人只要一開心，常常就大事化小、小事化無了。

他聽進去了，所以昨晚爭吵後，他早上就傳了訊息來關心我，但他又是個完全沒有浪漫細胞的人，不是他不願意講好聽話，而是他眞的不擅長，所以他完全 copy 了我跟他說的東西，大清早傳了一個「妳今天過得好嗎」的訊息給我。

其實今天才剛開始呢，我怎麼知道今天過得好不好呢？這個問話也太傻氣了，可是在我看到的當下，我只覺得我先生怎麼這麼可愛！See，這就是甜言蜜語的魅力，女人只要感覺到自己被關心了，就能把一切都往好處想！

可是，或許是因為教育的緣故吧，亞洲的男人，其實非常不習慣在言語上關心太太，就像吳先生有次很認真地說，他這麼努力工作，努力給我和孩子更穩定的生活，難道我感覺不出來他很在乎這個家、也很在乎我嗎？

我說我當然知道，可是身為女人，就是需要聽一些甜言蜜語，才會有被愛的感覺，他一臉不解，覺得我不切實際，而我也在想，為什麼女人就是這麼在乎這種被愛的感覺？

我想，或許是因為女人天生就是比較敏感吧！所以我們總是想得很多，我相信所有已婚的女人都有這樣的經驗，當妳忙了一整天，為家庭、為工作、為小孩，一件事情接著一件，妳已經緊繃到極點，這時候，只要先生稍微講錯了一句話，你們可能就吵起來了，雖然他講錯的可能只是一件小事，妳心裡也知道那是一件小事，可是妳控制不住自己的脾氣，因為妳忍不住想，他上次也是這個樣子、上上次也是這個樣

子，結婚十幾年來，他 always 都是這個樣子，而妳可以預見的是，往後即使再過十年、二十年，他還會是這個樣子！

而想到這一點，妳的負面情緒，就像是一個漩渦一樣，把妳的理智通通都給捲了進去，妳只想發瘋、只想抓狂，只想把舊帳通通掀出來吵，男人會覺得，女人這是在無理取鬧，可其實，女人只是忍無可忍，妳不停地翻舊帳，其實只是在想，問題的源頭到底是什麼？到底是從哪裡開始出了錯？妳拚命想找出那個源頭，從昨晚的爭執翻到上個月的爭執、從上個月翻到去年、從去年翻到婚前……可即使妳找到了那個源頭又如何？妳也沒辦法解決，因為那已經是過去的事了，我們沒有辦法改變過去，只能夠學著讓過去 move on，而那是最需要勇氣和智慧的事！

要讓自己有力氣跨過去，有些人需要的可能是旅行和休息、有些人需要的可能是吃一頓美食，但我相信，對每個女人來說，被另一半關心，都是我們最需要的事，只是有時我們都會卡住，明知道自己需要什麼，卻不去跟對方開口，一方面是覺得「如果你真的關心我，不用我說，你也該知道我需要什麼」，一方面更是賭氣，覺得對方應該主動關心、而不是我們去討、去要、甚至去求對方關心妳。

以前我也會這樣想，直到去年我奶奶回台灣時，她的一句話像當頭棒喝般打醒了我！當時奶奶住在我家，一直勸我脾氣不要那麼急，有話好好講就好了，我當然知道那是我的缺點，可當時，我很不服氣地跟奶奶說：「同樣的事我講過很多次了，當然會不耐煩。」而且因為那是我一向敬佩的奶奶，我忍不住跟她訴苦，說起吳先生很多事，都是我講了又講，但卻一直再犯，奶奶聽了只是說：「妳還年輕，以後就知道了。」我說我都已經快四十了，哪裡還年輕，奶奶卻笑了出來，說：「妳要是每次跟先生起爭執都這麼愛翻舊帳，等妳到了我這個年紀，會發現即使是一件芝麻蒜皮的小事，妳都要吵一個月，因為八十年的舊帳，真要翻起來，翻一個月都翻不完！」

聽了奶奶這樣說，我才突然醒悟，對啊！我經常掛在嘴上說我跟他已經是老夫老妻了，畢竟也結婚十幾年了，可是說不定我們的婚姻都還走不到一半呢，未來我們還有好幾個十年要過，不是嗎？

於是，我找了個時間跟吳先生溝通，我很誠實地告訴他，我就是需要聽一些好聽的話、讚美的話，不管他是覺得女人這樣很不切實際、還是覺得很幼稚，but I need it！我跟他

說，我每天爲這個家做很多事情，包含照顧小孩、照顧他，當然那些都是我應該做的，但我只是想聽到一點鼓勵，比如聽他跟我說一句「妳辛苦了」，讓我覺得自己的付出是有被看見的、有被肯定的，但讓我意想不到的是，他居然跟我說：「那爲什麼不是妳先跟我說好聽話？」在那個瞬間，我才發現，其實不管是男人或女人，都渴望得到另一半的認同和肯定。

於是我跟吳先生約好，每一天，我們至少要說出一件覺得對方今天做的很棒的事，比如他會誇我晚餐的某一道菜做的很好吃，我會誇他今天陪女兒講完睡前悄悄話後記得幫女兒關燈很貼心，我承認，我常常在誇他的時候，心裡卻在想「這不是你應該要做的嗎？還要我來誇獎你？」可是每次看他被誇獎以後，常常露出一種偷偷得意、又要假裝「那有什麼大不了」的表情，我又真心覺得我的先生其實很可愛！或許有時候，我們真的把太多事情都當成理所當然了，但即使是理所當然的事，難道就不能表達感謝嗎？就像我們去買東西，店員找錢給你，你也是會說謝謝啊，爲什麼我們對家人就要這麼吝嗇表達呢？

當然，我們還是會吵架，還是會有爭執，可是我發現，只要

對方能時時刻刻給妳一些「被愛的感覺」，妳會比較容易放下那些爭執，在妳生氣時，比較容易在心裡覺得「算了，畢竟他對我很好」「算了，畢竟他很關心我」，然後 let it go。年輕的時候，我們不懂得「算了」也是一種智慧，只想每件事情都追根究柢，覺得每件事都有解決之道，但隨著年齡增長，真的會發現，不是每一件事情都有辦法解決，因為那就是生活，本來就是磕磕絆絆、碰碰撞撞，我們要有勇氣接受生活就是不可能完美的事實，才能學會不要一直糾結在過去裡。有句話說，過去不管過不過得去，未來都還是會一直來，而我們如果學不會 move on，只會讓自己一直卡住，為難自己也為難了別人。

199　　勇敢地去爭取想要的關愛

和女兒的 Date Night

有天早上，我正在更衣室準備要出門工作時，妹妹突然咚咚咚的跑了進來，好認真好嚴肅地跟我說：「媽咪，妳現在先不要看鏡子、也不要拿衣服，妳要看著我，要專心地聽我說，因為我要跟妳說一件很大很大的事，please，只要一分鐘，真的，一分鐘就好！」

雖然妹妹好好地站在我面前，而我耳朵裡還聽見大女兒在客廳跟小狗說話的聲音，我最重要的兩個寶貝都好好地在家裡，但我相信身為媽媽的女人都了解，當自己的小孩很認真

嚴肅地要跟妳說一件事情時，妳的心臟就是會吊起來的，生怕出了什麼事，而我也是一樣，所以我把手上的東西都放下，蹲下來妹妹平視，對她說：「好，媽咪聽妳說。」結果，妹妹好高興的告訴我：「媽咪，妳知道章魚嗎？就是我們會吃的那種章魚，牠有三個心臟耶！妳說是不是好特別？」

我一下子愣住了，心裡只想著，章魚有三個心臟，所以呢？重點呢？可是妹妹已經湊上來，好響亮的給了我一個 kiss，然後說：「好了，一分鐘到了，媽咪我說完了，妳上班要早點回來唷！」然後又咚咚咚地跑出更衣室。

當天我接下來有工作，所以也沒法多想，只是快點穿衣服想趕快出門，可是那一整天，只要我稍微有空，妹妹很開心地跑出更衣室的身影就浮現在我腦海裡，我記得她跟我說要一分鐘時臉上帶著點渴望的神情，記得她說章魚有三個心臟時的眉飛色舞，老實說，在大人心裡，我們根本不在乎章魚有三個心臟還是八個心臟，可是我們卻忽略了，孩子的世界就是這麼小，除了學校的老師同學，就是家裡的爸爸媽媽，章魚有三個心臟這樣的事，對她來說就是很重要，而她只不過是想把她認為重要的事，跟媽媽分享！

雖然我擁有「媽媽」這個身分已經八年了，但是每一天我都覺得自己還在學習怎麼當一個媽媽，因為孩子的成長好快，她們每一天都有變化，嬰兒時期要餵奶，等到終於上手了，知道怎麼喝她們才不會脹氣時，她們已經長到要吃副食品的年紀。等到終於弄清楚副食品要怎麼做，她們又長到了要上學的年紀，開始有了自己的社交圈。

如今我的大女兒八歲、小女兒六歲了，很乖很懂事的她們，早已經可以自己吃飯、自己洗澡、自己準備上床睡覺，甚至還能自己收拾上學要用的書包，我終於不用像她們小時候一樣，每一件事都要緊盯著才可以，表面上我好像多了一些自己的時間，可是我卻發現，她們的話變多了，一下子是姊姊跑來說「媽咪，我要跟妳說一個秘密」，一下子是妹妹跑來說「媽咪，妳知道一件很重要的事嗎」。

也有很多時候，是兩個推推擠擠，姊姊對妹妹說「我先說！妳要說的那個一點也不重要」，一下子是妹妹委屈地扁嘴說「可是剛剛妳已經跟媽咪講了很久的話了」。身為媽媽，我很努力的做到公平，在這種時候，我總會說：「誰先來的誰先說」，可是我卻無法忽略，那個排在第二順位的女兒，臉上很失落的表情。

所以，有一天，我靈機一動，決定以後每隔一週晚上，我都要跟女兒分別有一個 date night！因為我有兩個女兒，可她們兩個，都只有一個媽咪，當然我希望她們學會分享，可是人都有獨佔欲，偶爾有一段時間是沒有別人來打擾的，不是也很好嗎？

可說也有趣的是，本來這只是一個 idea，甚至於一開始時我還有些猶豫，畢竟只帶一個女兒出門是很麻煩的事，因為我就得再額外花時間安排另一個在家裡做什麼，但一開始實行後，我就覺得這個點子真的是太棒了，因為一直以來，我雖然都很努力給孩子很多陪伴，但畢竟都是和兩個女兒一起，很少有單獨只跟一個的時候，而我萬萬沒想到的是，小女兒 Fiona 在跟我獨處時，和平常完全不一樣！一向害羞甚至有點膽小的妹妹，在單獨跟我相處時，好像突然長大了似的，對每一件事情都很有主見，就像那天在餐廳，她指著其中一個服務生說：「媽咪，那個人應該是新來的。」

我覺得很有趣，問她為什麼這麼認為，結果 Fiona 說，因為那個人一直跟在另一個我們之前來時就在的服務生旁邊，而另一個服務生一直不斷的在說話，新來的不斷在點頭，「舊的那個服務生，一定是在教新來的服務生。」Fiona 說得頭

頭是道，在那個時候，我才突然發現，雖然我們總說 Fiona 是妹妹，但其實她也已經六歲了，Olivia 在六歲時就已經是個姊姊了呢！會不會是我們大人下意識裡覺得年紀小的比較不懂事，卻忽略了她也在長大呢？

不過無論如何，當媽媽的也要學會放手，自從我決定要和兩個女兒分別有 date night 後，我就決定無論如何，那一個晚上，我就是以女兒為主，所以連餐廳都讓她們自己挑，但說來好玩的是，平常個性和喜好都不同的兩個女兒，卻不約而同的挑上了同一間 buffet，而 buffet 裡當然什麼都有，光是蛋糕就有十幾種，更別提小孩子最愛吃的冰淇淋了。以前我每次帶她們去吃 buffet，總會忍不住管她們，一下要她們多吃魚多吃蔬菜、一下提醒她們吃完主食才可以吃甜點和蛋糕，可是孩子哪裡拒絕得了冰淇淋的誘惑呢？為了最後能多吃幾球冰淇淋，她們總是會先裝乖，無論我要她們吃蔬菜還是吃魚，都二話不說地吃完，就為了最後能多吃一點冰淇淋，每次回家，兩個女孩的小肚子都大的不得了。

而開始 date night 計畫後，我決定放手讓兩個女孩學習自主，於是一進餐廳，就跟她們說今晚她們可以自己決定要吃什麼，於是兩個人都高興壞了！Olivia 年紀大一些，很多時

候都有小大人的樣子，雖然喜歡吃冰淇淋，但也會注意要吃些主食，換成 Fiona 時，她一聽到可以愛吃什麼就吃什麼，則更加的樂壞了，一進餐廳就不停地問：「媽咪我今天可以吃幾球冰淇淋？」即使我一再跟她說今天是 free night，她可以吃任何她想吃的東西，她還是不斷的問「那可以吃五球嗎」、「可以吃草莓口味嗎」，當然在那個當下，我還是會有點擔心，她不會真的從頭到尾就吃冰淇淋吃到飽吧？可事實證明，我真的想太多了，因為她雖然吃了很多冰淇淋，但也沒忘記要吃一些主食。

而當我們的 date night 分別進行到第二輪之後，兩個小女孩已經不會再一進餐廳就雙眼盯著冰淇淋櫃不放了，雖然她們還是很愛，可也會開始嘗試許多不同的東西，我對她們唯一的要求就是「拿了的東西就要吃掉」，畢竟珍惜資源和不浪費是每個人都必須具備的道德，而兩個孩子也都很乖的做到了這一點，雖然有時候，她看著十幾種不同口味的冰淇淋，還是會問我「那餐廳幾點關門？我可以吃到幾點？」但我想了想，還是覺得讓她自己決定要怎麼吃，畢竟這也是一個練習，讓她學著安排時間，畢竟孩子會長大，我們真的應該慢慢學會放手，讓孩子去體會和練習生活中的一切。

有天晚上我在整理手機時，發現相簿裡有許多奇怪的照片，

縮圖看起來，每張照片中間都是一個大大的背包，我覺得奇怪，點開來看，才發現那些都是我的背影，我想了半天，才想起來是那個週末我帶兩個女兒一起去逛街，那天我遇到百貨公司的磁具碗盤特價，好高興的挑了一大堆，那些照片肯定就是我在挑碗盤時，拿著我手機的 Fiona 拍的。我看著那些照片，再一次體會到孩子看媽媽的視角，她們那麼小、那麼矮，多數時候，從她們的眼睛裡看出去，真的就是我們背包的底部，看不到我們的臉，如果我們不蹲下來，好好的跟她們說話，她們看見的，不過就是大人的背影或下巴而已。

我說的蹲下來，不只是身體的蹲下來，更多的是心態。事實上，孩子跟我們說很多事時，我們很容易不專心，因為孩子說的，不外乎就是章魚心臟、或是班上的哪個同學穿的新鞋子、或是她在下課的路上看到了一隻貓咪或一隻鳥……這一類的事，對大人來說，我們有好多事要忙，要上班賺錢、要買菜煮飯，對我們來說，即使是陽台的衣服還沒有收，都比聽孩子說這些事重要。很多時候，我們工作玩累了一天回家，還要處理孩子的事，多少都會有點不耐煩，只想趕著孩子趕快吃飯，吃完飯趕快做功課、趕快洗澡、趕快上床睡覺，當孩子想跟我們說話時，我們甚至會覺得接下來還有好多事要忙，沒空聽她們說這些無關緊要的小事。

可是孩子的世界很小，我們認為無關緊要的，對她們來說都是大事，妳的每一次拒絕、每一次不耐煩、或者每一次看似在聽但眼睛卻開始看別的地方的不專心，對孩子都是一種傷害，因為她是真心地想跟你分享她生活中的事，如果每一件她認為很重要的事，妳都不在乎、妳都不 care，那孩子會有多難過？

我承認，我們都不 perfect，我也會有累的時候。有好多次，我趕著做許多事，可能是工作、可能是家事，但兩個女兒卻像小麻雀一樣的嘰嘰喳喳，可能我不過是在廚房煮兩道菜，不到半小時的時間，她們就跑進來三、四次，在那種時候，也會有點不耐煩，覺得自己已經很忙很累了。如果不準時煮好飯吃晚餐，兩個女兒睡覺時間變晚，隔天早上又會起不來，為什麼她們不能自己玩、為什麼她們不能稍微安靜一下，讓我把手上的事做完？可是轉念一想，一直以來，我們不都希望孩子能把自己當朋友，有什麼事都跟我們分享嗎？如果在她六歲時，妳不肯聽她說章魚有三個心臟，又怎麼能期待十六歲時，她會把班上有三個男生在追她的事告訴妳？

現在我們分別有了 date night 時光，兩個女兒都期待的不得

了，她們有自己的小小桌曆，都會用她們最愛的顏色，在桌曆上寫下「date night」，雖然約會結束後，我有好多的事要忙，可是看著她們滿足的臉，覺得一切都很值得。因為孩子最需要的，就是大人的陪伴，這個陪伴，不是說妳人在旁邊就可以了，而是專心的聽她說話、專心的理解並同理她的感受和心情。因為她們遲早會長大，總有一天，Fiona 也會長大到再也不關心章魚有幾個心臟的年紀，她可能也會忘記六歲時這件事情對她來說有多重要，但我相信，她永遠會記得和媽媽說話時，媽媽認真的模樣，而比起不斷的叨念和訓話，以身作則的讓孩子知道什麼叫同理心、什麼叫體貼，就是做父母的能給孩子最好的教育。

和女兒的 Date Night

最浪漫的事

一直以來，我都非常喜歡 Facebook 的直播功能，因為這是最直接和大家交流的方式了！像我這種人來瘋的性格，每次直播時都能收到大家最直接的反應，常常一嗨起來就控制不住自己，越講越誇張，經常連經紀人都幫我捏把冷汗。就像前幾天，我一做完直播，連妝都還來不及卸，我的經紀人就打電話給我，不斷尖叫：「Mel，妳剛剛的白眼也翻得太誇張了，妳要控制一點！控制一點！控制一點！」

「妳也太誇張了吧？」聽她緊張地提醒我控制一點，我忍不

住覺得好笑，不過向來她都是我的好幫手，總是在一旁提醒著我沒注意到的東西，所以我想了想，還是自己去看了我的直播，不看還好，一看我也冷汗直冒，天啊！畫面裡那個為了一點小事，白眼幾乎翻到後腦勺的人，真的是我嗎？

沒錯，讓我翻白眼的，的確是一件小事，不過就是我在直播的時候，吳先生走過來，不小心關了我的燈而已。其實他也沒幹嘛，就是想要刷存在感。但心裡忍不住想，天啊，我還不夠矚目你嗎？我整天都在注意你，時時刻刻看你在幹嘛？現在好不容易忙完有一個小時，想有點自己的時間，上網跟大家互動一下，就不能讓我好好有點「個人的空間」嗎？

但是，當然是不行的，因為吳先生就是這樣，不會改變的。而我，當然平常也很樂意時時刻刻關注他跟姊姊和妹妹，但妳們懂的，女人有時候，就渴望有一點點 me time，也曾想過，為何結婚十幾年了，吳先生明明就很懂我，為什麼還要這樣鬧我，還在一旁偷笑呢？真是的！但，算了，轉念一想，這也是夫妻的情趣。

曾經有一度，我也對這種時不時出小瑕疵，想要完美潔癖的調整好。拚命想盡辦法，想將一切都安排好，覺得出錯就表

示我計畫的還不夠仔細。

還記得有一次，有個朋友 Linda 跟我抱怨，說她好不容易排了假想出國去東京玩，上飛機前她將一切都安排的仔仔細細，孩子哪一餐該吃什麼、哪一天該做什麼，都寫下來做成備忘錄，而且她也知道她先生是個迷糊蛋，所以她的備忘錄還做成三份，一份貼在冰箱上、一份存在電腦裡、一份發到她先生的 Line 上，可是她才剛下飛機，坐上通往市區的機場快捷，她先生就傳訊息來了，原來她先生帶著孩子去朋友家玩，到了那邊才發現忘記帶孩子喝水的杯子。小孩子有時候是這樣，會很堅持要自己的杯子或其他用品，發現沒有時就會一直哭一直鬧脾氣，她先生十萬火急的問她哪裡有賣同樣的杯子，而她只覺得崩潰，明明她有在備忘錄上一再提醒那個杯子對孩子很重要，為什麼先生會忘記？她人已經在國外了，怎麼會知道哪裡會有賣？更何況她家住在松山區，而她先生當時人在北投！身為媽媽的我們就算再十項全能，怎麼可能知道這種事？

可是沒辦法，她也只能處理，所以她在機場快捷上，先是上網搜尋那個水杯的品牌，再連上品牌官網，查詢北投哪裡有鋪貨，再把店址發給她先生。那天晚上，Linda 發現她先生

更新了 Facebook，上面寫著：「跑了三家店終於找到我兒子的專用杯杯，請叫我神奇奶爸。」底下還有一堆人按讚，誇獎她先生真是好爸爸，Linda 說，在那個當下，她只想立刻買機票飛回台灣，買五十個杯子砸她先生！

還記得那時，我還和 Linda 還有幾個新手媽媽朋友煞有其事的討論，這些男人到底是怎麼回事呢？有人說，男人就是粗心大意又耳朵硬，有人說，男人永遠都是小孩，時不時要刷存在感，但更多的是，我發現每個媽媽肚子裡都有一肚子這樣的故事。比如 Tina 說，有次她小孩感冒，要喝稀釋的舒跑，她請先生去買，去之前還不斷交代要買舒跑而不是別的牌子，因為孩子不喜歡別牌，但五分鐘後先生回來了，卻拿著一罐寶礦力水得！她氣死了，可先生卻振振有詞的說，孩子感冒不能喝冰的，而那間店裡只有寶礦力水得是不冰的！「他到底腦袋哪裡有毛病？我家門口走出去，有四間便利商店，這間沒有，不能問別間嗎？」Tina 超生氣的說。

可是這就是婚姻，妳如果要為這種事生氣，只會把自己氣死，而且，還會喪失最重要的一種心情：就是感受婚姻的其他美好之處。

就像之前，我家的吳先生過生日，即使有很多事要忙，我還是很堅持，起碼要一起到餐廳吃頓飯、點上蠟燭切蛋糕。老實說，我們結婚這麼多年了，我一直為家庭忙碌著，而他何嘗不是。要一起出門吃頓飯，其實有很多前置作業，要把小孩先安排好、把工作先排開，表面上看起來好像很麻煩，可我始終認為這是需要的！

因為忙著過日子的我們，一定會在不經意間失去一些平衡、忘記一些美好，如果不時時刻刻提醒自己，夫妻之間真的會在不知不覺間變成理所當然的關係，可無論我們是什麼年齡，都還是會希望自己是被照顧和被理解的，我還是會希望被當成小公主般呵護，他也還是會希望被當成小王子般崇拜，雖然男人總是不好意思說，但我看著他切蛋糕吹蠟燭時的表情，就知道他心裡是很高興的，畢竟身為媽媽，有太多時候，我們總是得先照顧孩子的需要，難免會忽略了先生的情緒，我們經常抱怨先生不再像當年追求我們時那麼殷勤了，但是，我們是否也失去了當年被先生看一眼就臉紅心跳的心了呢？

年輕時，我們都會忍不住幻想自己的未來、幻想自己的婚姻生活，希望王子和公主結婚後，從此過著幸福快樂的日子，

不過「幸福快樂」，到底要怎麼定義？前幾天我看到一張照片，照片裡有兩對夫妻，結婚已經七年的威廉王子和凱特王妃，各自低頭看著手中的報紙，而結婚兩個月的哈利王子跟梅根王妃，卻非常甜蜜的相視微笑，在那瞬間，我心中真的覺得有好多感慨啊！就像小女孩玩著扮家家酒，總是透漏著心中對家庭的美好想像，年輕時我經常看許多家居雜誌，無須華麗只要溫馨的家裡，先生和妻子一同坐在餐桌上，看著孩子微笑，而孩子則快快樂樂地玩著玩具，一旁趴著一隻可愛的小狗，那幾乎就是當年年輕的我所想像的幸福畫面。而到了今天，我確實有了愛我的先生、可愛的孩子、以及可愛的小狗，不過，經常是孩子不小心打翻了什麼，狗狗只想衝上去撿食，然後我又忙又亂又喊，我先生卻八風吹不動的黏在餐椅上。

但到底有沒有如同家居雜誌上那種溫馨甜蜜的時刻呢？其實肯定是有的，只是不是 anytime，而是 sometimes，我們不可能時時如雜誌上完美，因為**真實的生活，就是有時好氣、有時又好笑**。正是因為有那些不那麼完美的時刻，才讓我們更加懂得珍惜和惜福，而也正是因為有那些完美的時候，才帶給我們力氣，去度過每一次的不如預期。

而這樣的真實人生，一路以來一直有吳先生陪在身邊，雖然有時候我真的覺得他有點煩，但我也知道有時候我也有點討人厭，我們扯平了！而就在我們這樣互相陪伴，有時給對方力量、有時也把對方氣得七竅生煙中，日子一天一天過去，我們慢慢一起變老，這樣不完美的完美，就是最浪漫的事。

後記 幸福到底是什麼？

我們每一個人時時刻刻都在尋找幸福的定義，What is it？ Where is it？ How do we get it?

我漸漸的理解「幸福」沒有一定的標準，在前幾本書中，我有分享幸福其實就是很多串在一起的小小的快樂片段。而過了幾年後我發現，其實我們最好的狀態就是「自由自在」，無論做什麼只要能自在就怎麼都對了。人是有生命的，而生命是每一天在改變的，在這一趟情緒與成長並行的旅程中，我們應該要學會讓自己好好感受成長和生活中的各種體驗。

我的奶奶生命力很強，她經歷過的辛苦，我無法想像！總而言之，她所愛的人很多時候都提早離他而去。一生中的各種遺憾，和必須強忍的淚水，一切的痛造就了她的勇氣，就如她常說的，「日子還是得過下去，是吧？」

奶奶讓我覺得最了不起的是不管日子好過或難過，她堅持要活得漂亮，懂得頭甩一甩瀟灑的往前走！她懂得愛惜自己，珍惜著跟她交情超過半個世紀的姐妹淘們聚在一起。

從小我就聽到家人開玩笑說對奶奶來說，她的朋友比誰都還重要，哈哈！奶奶都會回說，「那當然了！她們可是我的精神食糧啊，我們從小認識，說的故事只有彼此聽得懂，人生的風風雨雨都是一起過來的！」

最近她一個快九十歲的老太太竟然說要開始學會用iPhone，因為可以跟她姐妹淘天天視訊而不用花電話費！妳們看，奶奶真的是一直活到老學到老，絕不落人後！哈哈！

跟妳們說個悄悄話，其實這一本書的誕生經過了我個人的一個低潮期，可能是要邁入人生下一個階段的一些抗拒或恐

慌，也有可能就是對自己要求太高了，總覺得自己在工作和家庭裡可以做的再完美一些吧！

我知道我給大家的感覺是開朗正面的形象，我的個性確實也是如此，但我跟每一個人一樣，當遇到瓶頸和挫折時，也是會有情緒的！

俗話說，「人生中不如意事十之八九。」這句話非常到位和貼切，生活充滿了數不完的瑣碎事，真的不可能樣樣都順心，但最終還是要靠自己去平衡！所以，我們得好好聆聽自己的需要，如果需要休息，要捨得放慢腳步，假如覺得自己需要衝刺，就要懂得把握機會進修學習。

或許我們不完美，事事沒有一百分，但我們要懂得做最好的自己 and live your best life ！

茵山外 01
誰說一百分的妳，才是最好的自己

作　　者　Melody 殷悅
經紀公司　新視麗娛樂創作有限公司
責任編輯　賀郁文
協力編輯　楊逸芳
封面設計　林育鋒
內頁設計　Di Di
校　　對　李小鳴
攝　　影　陳忠正攝影工作室
化　　妝　蔡依澄
造　　型　Ian Lee
髮　　型　Four hair concept Scott Lee

出版　　　大塊文化出版股份有限公司
　　　　　www.locuspublishing.com
　　　　　台北市105022南京東路四段25號11樓
　　　　　讀者服務專線：0800-006689
　　　　　TEL：(02) 87123898　FAX：(02)87123897
　　　　　郵撥帳號：18955675
　　　　　戶名：大塊文化出版股份有限公司
　　　　　法律顧問：董安丹律師、顧慕堯律師
　　　　　版權所有　翻印必究

總經銷　　大和書報圖書股份有限公司
　　　　　地址：新北市新莊區五工五路2號
　　　　　TEL：(02) 89902588　FAX：(02) 22901658

　　　　　初版一刷：2018年12月
　　　　　初版十一刷：2023年3月
　　　　　定價：新台幣350元
　　　　　ISBN：978-986-213-931-8

國家圖書館出版品預行編目（CIP）資料

誰說一百分的妳，才是最好的自己 / Melody 殷悅 作 .
—— 初版 . —— 臺北市 ： 大塊文化 , 2018.12
面 ; 公分 . —— （walk ; 17）
ISBN 978-986-213-931-8（平裝）

544.5   107017069